Uma história meio ao contrário

FUNDAÇÃO EDITORA DA UNESP

Presidente do Conselho Curador
Herman Jacobus Cornelis Voorwald

Diretor-Presidente
José Castilho Marques Neto

Editor Executivo
Jézio Hernani Bomfim Gutierre

Conselho Editorial Acadêmico
Alberto Tsuyoshi Ikeda
Áureo Busetto
Célia Aparecida Ferreira Tolentino
Eda Maria Góes
Elisabete Maniglia
Elisabeth Criscuolo Urbinati
Ildeberto Muniz de Almeida
Maria de Lourdes Ortiz Gandini Baldan
Nilson Ghirardello
Vicente Pleitez

Editores Assistentes
Anderson Nobara
Fabiana Mioto
Jorge Pereira Filho

MÍRIAM GIBERTI PÁTTARO

Uma história meio ao contrário
um estudo sobre *História do mundo para as crianças* de Monteiro Lobato

© 2012 Editora UNESP

Direitos de publicação reservados à:
Fundação Editora da UNESP (FEU)

Praça da Sé, 108
01001-900 – São Paulo – SP
Tel.: (0xx11) 3242-7171
Fax: (0xx11) 3242-7172
www.editoraunesp.com.br
feu@editora.unesp.br

CIP – Brasil. Catalogação na fonte
Sindicato Nacional dos Editores de Livros, RJ

P195h

Páttaro, Míriam Giberti
Uma história meio ao contrário: um estudo sobre *História do mundo para as crinças* de Monteiro Lobato / Míriam Giberti Páttaro. São Paulo: Editora Unesp, 2012.

Inclui bibliografia

ISBN 978-85-393-0388-5

1. Lobato, Monteiro, 1882-1948 – Crítica e interpretação. 2. Literatura brasileira – História e crítica. I. Título.

12-9353 CDD: 809
 CDU: 82.09

Este livro é publicado pelo projeto Edição de Textos de Docentes e Pós-Graduados da UNESP – Pró-Reitoria de Pós-Graduação da UNESP (PROPG) / Fundação Editora da UNESP (FEU)

Editora afiliada:

Agradeço a Carlos Erivany Fantinati e a todos os professores que partilharam comigo parte de seu saber, no decorrer desses anos de formação profissional.
A todos os funcionários de variadas universidades, bibliotecas e centros de pesquisa pela atenção dedicada.
A meus pais pelo exemplo de dedicação e determinação.
Aos amigos, colegas e familiares que me encorajaram, estimularam e, de algum modo, me auxiliaram a realizar esta conquista.

Sumário

Introdução   9

1 A obra de V. M. Hillyer:
   A Child's History of the World   17
2 A tradução de Godofredo Rangel:
   Pequena história do mundo para crianças   61
3 A tradução de Monteiro Lobato:
   História do mundo para as crianças   77

Conclusão   179
Referências bibliográficas   184
Anexos   189

Introdução

É no mínimo intrigante a situação de Monteiro Lobato diante do contexto da literatura brasileira. A maioria dos críticos e historiadores da literatura limita-se a fazer referência apenas à sua literatura geral, voltada para os adultos, e com frequência o classifica como pré-modernista. Tal classificação é insuficiente e incompleta (como, aliás, toda classificação o é) diante do conjunto da produção lobatiana e da importância desse escritor para a constituição da cultura brasileira.

Nas últimas décadas, certos trabalhos foram desenvolvidos com base em outros pontos de vista. Na tentativa de demonstrar como suas obras são marcadas pelo signo da modernidade, Marisa Lajolo, por exemplo, apresenta reflexões importantes e interessantes. Segundo ela, a trajetória de Lobato como escritor e editor apresenta índices inegáveis de modernidade: modernização da forma de produção da literatura, concepção moderna de livro e de leitura e um projeto de criação de uma literatura infantil.

De fato, para Lobato o livro era um objeto "sem aura", uma mercadoria, que deveria atingir o público onde quer que ele estivesse. Essa preocupação com o mecanismo de circulação entre obra e público também pautou a literatura que produziu para crianças, área em que foi pioneiro, pois impulsionou esse gênero literário, que estava iniciando-se no Brasil.

Aspectos internos à sua obra também apontam em direção à modernidade, pois solicitam do leitor uma atenção redobrada. A intertextualidade, o dialogismo e a polifonia são recursos, por exemplo, bastante explorados por ele. O intercâmbio das personagens lobatianas com personagens de origens diversas, como Hércules, D. Quixote de La Mancha, Branca de Neve, Peter Pan e a releitura de textos já conhecidos, como ocorre em sua obra *Fábulas,* surpreende o leitor lobatiano e o obriga a fazer contínuas reavaliações de fatos, questões e conceitos já conhecidos. "A preocupação com o recebedor do texto infantil marca o ideal reformador da obra de Lobato", afirma Filipouski (apud Zilberman, 1983, p.102). Esse recebedor deve ter um perfil bem anticonvencional, já que "os leitores são levados a conquistar uma consciência crítica de brasilidade, o que implica a valorização e o reconhecimento de diversos aspectos ignorados até mesmo por muitos adultos" (ibidem, p.104).

Diante de um autor tão polêmico e já tão estudado, foi necessário, antes de mais nada, fazer um levantamento prévio dos trabalhos realizados em torno de sua obra. Mediante consultas a várias bibliotecas e centros de pesquisas, conseguimos notar certas lacunas nesse universo de estudos lobatianos. Constatamos, por exemplo, que o desempenho de Monteiro Lobato como adaptador e tradutor é muito pouco avaliado. Pouquíssimas referências são feitas a esse respeito e encontramos apenas um artigo de Edgard Cavalheiro voltado para o assunto (s. d.).[1]

Também notamos que nenhum estudo específico foi feito sobre a obra *História do mundo para as crianças.* Não encontramos nem mesmo um artigo de jornal ou revista sobre ela. Achamos pertinente, portanto, fazer uma leitura mais atenta dessa obra lobatiana que, inclusive, fez parte de uma grande polêmica anos após sua publicação, sendo um dos motivos pelos quais Monteiro Lobato foi chamado de comunista e suas obras foram até queimadas em praça pública. Devo salientar o interesse que esse texto nos despertou pelo fato de nossa graduação

---

[1] Muitos artigos consultados fazem parte do acervo da Biblioteca Municipal Monteiro Lobato e não apresentam a data de publicação, pois foram recortados do jornal do qual faziam parte; é o caso deste artigo de Cavalheiro.

Sumário

Introdução   9

1 A obra de V. M. Hillyer:
   A Child's History of the World   17
2 A tradução de Godofredo Rangel:
   Pequena história do mundo para crianças   61
3 A tradução de Monteiro Lobato:
   História do mundo para as crianças   77

Conclusão   179
Referências bibliográficas   184
Anexos   189

ter sido em História. Saber qual o conceito de história difundido por essa obra lobatiana aguçou ainda mais nossa curiosidade.

Com o tempo, como ocorre com toda pesquisa, este livro foi se definindo e ganhando perfil mais detalhado. Avançou em várias direções e acabou por se constituir como multidisciplinar. Ora, tal caráter tanto pode promover um enriquecimento da pesquisa quanto levar o pesquisador a correr certos riscos, como levantar tantas questões a ponto de não conseguir responder a todas. Consciente dessa dificuldade, queremos alertar que os objetivos deste livro restringiram-se a analisar como o leitor está presente nas obras abordadas, quais as estratégias textuais que presentificam seu destinatário e qual o conceito de história difundido por elas. Naturalmente, ao abordar tais pontos, acabamos por enveredar por questões relacionadas à literatura comparada, à educação e à tradução. Todavia, apresentamos apenas algumas reflexões relacionadas a essas áreas, pois seria inviável abordar profundamente tantos aspectos em um livro deste porte.

Como a obra de Monteiro Lobato é uma adaptação de *A Child's History of the World*, optamos por apresentar primeiro a obra norte-americana. Entretanto, no Brasil ela também foi traduzida por Godofredo Rangel, conhecido amigo de Lobato. Assim, antes de abordarmos a obra lobatiana, faremos uma análise da outra tradução brasileira. Esperamos portanto colher maior número de dados que possam enriquecer a avaliação de nosso objeto principal de estudo que é *História do mundo para crianças*.

Além da introdução e da conclusão, o livro contém três capítulos e alguns anexos. Eles oferecem mais informações e dados sobre certos assuntos abordados. Nos capítulos 2 e 3 analisamos, respectivamente, a obra *A Child's History of the World* e a tradução de Godofredo Rangel, *Pequena história do mundo para crianças*. Apresentamos alguns dados sobre seus autores, já que podem não ser tão conhecidos pelo leitor. A análise de suas obras está voltada para as estratégias textuais e para o conceito de história difundido por elas. Finalmente, no capítulo 4, abordamos a adaptação lobatiana, ressaltando os mesmos aspectos das análises anteriores. Todavia, essa abordagem pode ser considerada mais completa, pois conseguimos alguns dados sobre a recepção da obra lobatiana. Infelizmente, não obtivemos o mesmo tipo de dados sobre as obras de Hillyer e Rangel e assim não pudemos avaliar a repercussão que obtiveram diante do público leitor.

Os pressupostos teóricos que sustentam nossa análise estão relacionados à Estética da Recepção. Esta teoria, desenvolvida a partir do fim da década de 1960, volta-se basicamente para a importância da função do receptor/leitor nas investigações literárias contemporâneas. Segundo Jauss (1994, p.23), um dos teóricos mais importantes da Estética da Recepção, tanto o texto quanto como seu emissor e seu código possuem uma historicidade própria; o receptor também tem uma historicidade, que deve ser "entendida" e valorada como fator essencial na constituição do texto como objeto estético.

É importante ressaltarmos que o receptor não deve ser confundido ou identificado com o destinatário de uma mensagem, pois o destinatário é uma entidade para quem o autor, de forma explícita ou implícita, endereça essa mensagem, ao passo que o receptor é uma entidade com capacidade semiótica efetiva que, em condições apropriadas, pode decodificar a mensagem. O receptor, portanto, é o leitor real de um texto literário, ao passo que o destinatário seria o leitor idealizado pelo autor.

Esse receptor, portanto, para realizar de forma apropriada a leitura de um texto, deve satisfazer determinadas condições, deve possuir certa competência, para assim haver uma razoável interseção entre seu policódigo e o policódigo do emissor. A influência recíproca entre o processamento do texto e o efeito sobre o leitor recebe o nome de *interação*. A interação depende da "fusão de dois horizontes": o horizonte implícito no texto (do autor) que se funde com o horizonte do leitor. Conforme explica Zilberman (1983, p.113), a "fusão de horizontes" significa o processo mesmo de intercâmbio do leitor com a obra literária do passado; esta, integrada na origem a um horizonte, vai se apropriando dos horizontes dos novos contextos temporais em que circula. Portanto, não só cada leitor contribui com seu horizonte, como recebe da obra os horizontes a que ela já se amalgamou com o decorrer da história.

Assim, nesse processo de recepção e produção estética ocorre uma *atualização* por parte do leitor, que recebe os textos literários, do escritor, que é leitor e também novamente produtor, e do crítico, que reflete sobre as obras literárias. A obra literária, ao contrário do acontecimento político, só permanece à medida que sua recepção se estende por um longo espaço de tempo, ou seja, enquanto houver leitores que se apropriem dessa obra e autores que a tomem como base para novas obras.

Tal processo assemelha-se ao fenômeno da "metacomunicação", designação dada por Aguiar e Silva (1988, p.30) à:

> *comunicação secundária* que pode dar lugar a *comunicação originária* do texto literário: o receptor, após realizar a concretização de um determinado texto literário, produz um novo texto cuja existência pressupõe necessariamente, de modo explícito e imediato, a existência daquele outro texto, transformando-se desse modo o receptor do processo da comunicação originária em um emissor que se dirige a outros receptores – os quais podem ser leitores ou ouvintes ou leitores-ouvintes – e assim se originando, a partir de um ato de comunicação, novos atos de comunicação.

Neste processo, o texto originário configura-se como um *prototexto* e o texto da comunicação como um texto *derivado* ou *metatexto*, porém com certas singularidades.

A esfera da comunicação originária é composta pelo *emissor* responsável por um *texto* (prototexto) que é dirigido a um determinado *receptor*. Esse receptor, por sua vez, já no âmbito da metacomunicação, que pode ser outro escritor, um tradutor, um crítico literário, um professor de literatura etc., também produz um texto (metatexto) partindo do texto originário (prototexto), que também alcança determinado receptor e dá continuidade ao processo.

Dessa maneira, podemos entender que as obras de Rangel e Lobato são metatextos da obra de Hillyer. Ela é o prototexto, o texto originário que desencadeou metatextos de autores diferentes. Ainda, ao horizonte original, presente na obra de Hillyer, foram incorporados o horizonte da leitura de Rangel e de Lobato, formando um *corpus* variado, devido aos contextos diferenciados pelos quais tais textos foram (re)produzidos originando, conforme já vimos, a chamada fusão de horizontes. O horizonte do autor (Hillyer) fundiu-se ao horizonte dos leitores (Rangel e Lobato) que, como autores, produziram uma nova obra (metatexto), dinamizando de forma espiralada o processo. As modificações que Rangel e Lobato produziram como tradutores e adaptadores da obra originaram-se, logicamente, da leitura que dela fizeram. Suas obras apresentam assim não só o horizonte de Hillyer como também o de Rangel e o de Lobato, ao qual ainda são acrescidos os dos leitores reais no momento da leitura. Como ela consiste em um processo de formação, depende sobremaneira das conjecturas que o leitor faz, que são responsáveis pela exploração do texto, a ponto de encontrar determinada lógica, dar-lhe determinada forma e daí decorrer certa interpretação.

Para Iser (1996), outro teórico da Estética da Recepção, nesse processo unem-se as antecipações que governam nossa percepção com os sinais que procedem do texto. Assim, segundo ele, o próprio texto prefigura a recepção, com um potencial de efeito cujas estruturas põem a assimilação em curso e a controlam até certo ponto. Durante o processo de leitura o leitor é responsável por certa reelaboração do texto, mediante determinadas faculdades humanas. O ato de fabricar/ produzir um texto requisita, na mesma intensidade, sua assimilação, sua "digestão" pelo leitor. A relação autor/leitor envolve assim dois momentos básicos: a *criação da obra*, feita pelo autor, e a *concretização* desta, feita pelo leitor. Ainda segundo Iser, a interação entre texto e leitor é dirigida e controlada por certas instruções "embutidas" no texto, pois ele parte do princípio de que todo texto prevê certo receptor. Dessa forma, a própria estrutura funcional do texto determina os efeitos essenciais deste sobre o leitor.

Tais princípios sustentam o que ele chama de teoria estética do efeito. As condições elementares para que tal interação aconteça estão nas estruturas do texto. Elas são de natureza complexa e só preenchem sua função à medida que afetam o leitor. O efeito estético não se caracteriza por se "cristalizar" em algo existente, já conhecido; ele é uma nova realidade, ele é o não idêntico ao que já existe no mundo. Sua apresentação depende das *estratégias* utilizadas pelo autor na elaboração do texto visando a determinado objetivo, a determinado leitor. Essas estratégias organizam o material do texto (combinação dos elementos do texto) e as condições comunicativas (contexto de referência do repertório e o leitor do texto); em suma, são as técnicas empregadas em cada texto, como o uso do foco narrativo, das personagens, de tempo e espaço, dos discursos e motivos recorrentes, entre outras.

O texto invoca a participação do receptor, que deverá ser o organizador e o fertilizador da narrativa. A própria estrutura do texto antecipa a presença do receptor pelo que ele designa como *leitor implícito*: o leitor previsto pelas estratégias textuais utilizadas pelo autor durante o ato de criação. Este leitor, presente na estrutura textual, é apenas uma intenção, que só se realiza pelo receptor. Ele condiciona uma tensão que só se cumpre no leitor real quando este assume de fato tal papel.

Todo texto literário também possui um *repertório*, próprio de seu autor, constituído pelo conjunto de convenções, tradições e normas histórico-sociais de onde ele é proveniente e que podem variar muito. Além das estratégias, certas *indeterminações* presentes no texto – como multiplicidade de narradores, do dialogismo e da polifonia[2] – também fazem parte do repertório. Essas indeterminações são denominadas *vazios* do texto; estes devem ser preenchidos pelo leitor de acordo com seu repertório, com o nível de leitura que ele é capaz de fazer. O repertório constitui um ponto chave da comunicação entre autor e leitor, pois a obra é efetivada de acordo com o repertório do autor e sua concretização dependerá, por sua vez, do repertório que o leitor também possui. O texto, desse modo, constitui-se em uma experiência plural pois, apesar de ter complexos de controle, ele reserva determinado lugar para o leitor a quem cabe atualizar a mensagem ficcional. Esse lugar é expresso pelos vazios que promovem a participação do receptor no texto.

Estabelece-se, assim, uma assimetria fundamental entre texto e leitor, possibilitando a comunicação mediante o processo de leitura. Ele

---

2 Segundo Bakhtin (1981), a polifonia decorre da presença de uma multiplicidade de vozes no interior do texto. Já o dialogismo, ou discurso dialógico, designa a relação direta que existe entre texto e leitor e entre o texto e outros textos.

é condicionado por duas variáveis que originam uma tensão: ao mesmo tempo em que o leitor é "conduzido" pelo texto pelas estratégias nele presentes, também é instigado por ele, a fim de atualizá-lo. Os vazios textuais transformam o leitor em sujeito ativo nesse processo, apelando para sua imaginação e estimulando-o constantemente.

Esses pressupostos teóricos foram elaborados tendo em vista textos ficcionais. Como as obras analisadas aliam ficção e história, achamos pertinente, quando possível, utilizar tais princípios. Ao apontar as estratégias textuais de cada obra, pretendemos abordar as atualizações que os autores brasileiros realizaram em suas traduções, pela leitura que fizeram de *A Child's History of the World*. Como veremos, cada obra possui um repertório próprio; as estratégias textuais variam de acordo com o autor e com o destinatário almejado pelo textos.

No caso da obra lobatiana, certas indeterminações, que não existem nas obras de Hillyer e Rangel, incitam o leitor a realizar leituras em níveis diversos. Esses níveis deverão ser definidos por ele, segundo seus próprios parâmetros. A exemplo do que ocorre em outros textos lobatianos, não há uma preocupação com a transmissão de certezas, de alinhamentos rígidos diante do mundo, mas com seu questionamento, se assim o leitor desejar. Mesmo nesta obra classificada como "didática" por alguns estudiosos, encontramos um espaço para o leitor tomar decisões. Ao contrário das obras utilitárias, que direcionam fatos e conceitos segundo a ótica de um único narrador, a obra lobatiana questiona a própria história, mediante uma estrutura em que impera o diálogo. Dessa forma, sente-se o leitor à vontade para, a exemplo do que ocorre com as personagens lobatianas, refletir ou discordar sobre os fatos apresentados e não permanecer à mercê da (H)história, mas conjugar-se a ela.

1
A OBRA DE V. M. HILLYER:
A CHILD'S HISTORY OF THE WORLD

A *Child's History of the World* foi publicada pela primeira vez em 1924 pela editora norte-americana The Century, traduzida por Godofredo Rangel e, posteriormente, adaptada por Monteiro Lobato. Ela foi produzida por V. M. Hillyer como uma obra didática, segundo princípios propostos por ele relacionados tanto ao processo educacional quanto à criação de obras dirigidas ao público infantil.

Virgil Mores Hillyer (1875-1931) foi professor e diretor da Calvert School, escola primária localizada na cidade de Baltimore, estado norte-americano de Maryland, entre 1899 e 1931. Entre as várias e ousadas iniciativas nessa escola, destaca-se a criação, em 1905, de um sistema de ensino domiciliar, voltado para crianças que por motivos diversos não frequentavam a escola, que deu origem ao Home Instruction Department.

A fim de compensar a ausência do professor e das estratégias utilizadas por ele em sala de aula, o material produzido com base nessa experiência apresenta fortes marcas de oralidade. É o caso de *A Child's History of the World,* produzida, segundo Hart, biógrafo de Hillyer, de acordo com essa iniciativa educativa. A narrativa é conduzida por um narrador que faz questão de se apresentar a um destinatário e, às vezes, até "dialoga" com ele, distanciando-se da estrutura convencional das obras didáticas. Ele consegue aliar discurso científico a discurso literário, produzindo uma obra que medeia ficção e realidade ou, ainda, que apesar de centralizada nos fatos históricos não despreza fatos ficcionais que servem de estímulo para a compreensão e a memorização dos primeiros.

Aliás, a memorização era um processo bastante valorizado por Hillyer, que a incentivava a fim de que o aluno incorporasse certo conhecimento que contribuiria, em última instância, para a finalidade prática almejada pela educação concebida por ele. De fato, em *A Child's History of the World* encontramos várias sugestões de memorização, que apelam sobretudo para o aspecto visual da composição. De forma criativa, é sugerido ao leitor (que previamente já teve sua atenção voltada para o assunto abordado) que memorize certas datas e nomes. Assim como um professor em sala de aula, o narrador do texto tenta estimular o narratário e o conduz de acordo com objetivos apresentados no início da obra.

A primeira edição de *A Child's History of the World* foi em 1924. Entretanto, Monteiro Lobato tinha um exemplar da 15ª impressão, feita nesse mesmo ano. As ilustrações eram de Carle Michel Boog e M. S. Wright. Impresso nos Estados Unidos pela The Century, o exemplar de Monteiro Lobato contém 505 páginas. A primeira parte do livro compreende um "índice" dos fatos históricos tratados por ele, intitulado *List of histories*, o prefácio, a introdução e, segundo denominação do próprio autor, a escadaria do tempo (*staircase of time*) e a tabela do tempo (*time table*).[1] As páginas da primeira parte são identificadas por numerais romanos, substituídos por cardinais a partir do capítulo 1 (*How things started*). Após o último capítulo, há um índice de pronúncia (*pronouncing index*) que também é um índice remissivo. Nele, o autor tenta mostrar ao leitor como devem ser pronunciadas certas palavras que não são próprias da língua inglesa. No prefácio o autor apresenta os objetivos pretendidos pela obra, ao passo que na introdução procura justificar e esclarecer o método adotado em sua elaboração.

---

1 Anexo A, *staircase of time* e Anexo B, *time table*.

O prefácio sumaria de forma muito resumida e direta os objetivos da obra: apresentar certos acontecimentos do passado de modo que estenda os horizontes do leitor, familiarizando-o com "grandes eventos e grandes nomes". A localização espaço-temporal de tais dados finaliza os objetivos propostos. A serviço dela é que o autor, inclusive, cria a chamada escadaria do tempo e a tabela do tempo. Encerrando o prefácio, o autor afirma: *"Is the purpose of this first Survey of the World's History"* ("É a proposta desse primeiro Estudo da História do Mundo", ibidem, p.ix). A expressão *first survey*, traduzida como "primeiro estudo", assegura que a obra é uma introdução aos temas tratados, é apenas um primeiro trabalho que deverá ser sucedido por outros complementares.

A proposta assemelha-se à adotada para o ensino de história geral, ministrado na Calvert School quando Hillyer aí iniciou sua carreira como diretor. Já na introdução o autor faz algumas constatações e críticas sobre certos aspectos do ensino de História, valendo-se para isso de sua própria experiência pessoal. Só então apresenta os métodos de explicação que utiliza e justifica-os. Primeiro aponta o papel privilegiado que a história norte-americana (local) teve em sua formação estudantil:

> Em comum com todas as crianças da minha idade, fui trazido à história americana e nenhuma outra me foi apresentada exceto a americana...
> Até onde eu sabia, 1492 foi o início do mundo. Qualquer evento ou informação anteriores àquele tempo, referências com as quais eu me encontrava invariavelmente, foram deixados de lado em minha mente, junto com os contos de fada. Cristo e Seus tempos, dos quais eu ouvi falar somente na escola dominical, eram para mim mera ficção sem realidade. Eles não eram mencionados em nenhuma história que eu soubesse e, portanto, eu pensava, não devem pertencer a nenhum domínio no tempo e espaço, mas a uma esfera espiritual.[2] (ibidem, p.xi)

---

2 *"In common with all children of my age, I was brought up on American History and given no other history but American... So far as I knew 1492 was the beginning of the world. Any events or characters before that time, reference to which I encountered by any chance, were put down in my mind in the same category with fairy-tales. Christ and His times, of which I heard only in Sunday-school, were to me mere fiction without reality. They were not mentioned in any history that I knew and therefore, so I thought, must belong not to a realm in time and space, but to a spiritual realm."*

Desse modo, o ano da chegada dos espanhóis à América (1492) foi confundido pelo autor quando criança com o começo da história mundial, fundindo-se o marco inicial da história local com a história geral. Por causa disso, os acontecimentos anteriores a 1492, para o autor, igualavam-se aos contos de fada, ao passo que os ensinamentos da escola dominical pertenciam ao domínio espiritual. Tais constatações levam o autor a fazer uma crítica incisiva a esse tipo de ensino de história, condenando o provincianismo e um "pseudopatriotismo", que resultam em ignorância e intolerância em relação a outros povos e culturas:

> Dar a uma criança americana somente história americana é tão provinciano quanto ensinar a uma texana somente história do Texas. Geralmente o patriotismo é dado como razão para tais ensinamentos de história. Isto promove somente o estreitamento da preguiça mental e uma presunção absurda, baseada na ignorância absoluta de quaisquer outros povos ou quaisquer outras épocas – uma pretensão intolerante sem fundamento do fato. Desde a Guerra Mundial tem se tornado cada vez mais importante que as crianças americanas tenham um conhecimento de outros países e outros povos, para que suas atitudes possam ser inteligentes e não preconceituosas.[3] (ibidem, p.xii)

É interessante notar que a constatação de Hillyer corresponde a uma prática de ensino que até recentemente ainda ocorria nos Estados Unidos. Segundo Ferro (1983, p.261), após a Primeira Guerra Mundial a história difundida pelos Estados Unidos enfatizava tudo o que unia os norte-americanos, sobretudo no que se refere à formação da Nação americana. Ou seja, o nacionalismo esteve durante muitos anos em alta no ensino de história nos Estados Unidos, contexto que foi alterado somente a partir da década de 1960.

---

3 *"To give an American child only American History is as provincial as to teach a Texas child only Texas History. Patriotism is usually given as the reason for such history teaching. It only promotes a narrow-mindedness and an absurd conceit, based on utter ignorance of any other peoples and any other times – an intolerant egotism without foundation in fact. Since the World War it has become increasingly more and more important that American children should have a knowledge of other countries and other peoples in order that their attitude may be intelligent and unprejudiced."*

Apresentadas tais considerações com base em experiências pessoais, o autor destaca o caráter inquisitivo de uma criança já aos nove anos sobre os acontecimentos do passado e sua prontidão em compreender um conceito de história mundial (*a concept of World History*) ou geral, como atualmente é mais conhecida. Segundo ele, a Calvert School já promovia o ensino de história mundial, apesar do ceticismo e do antagonismo acadêmico e familiar. Realmente, logo que começou a trabalhar na Calvert School, Hillyer alterou os currículos escolares e acrescentou a disciplina de história geral no *third grade* (2ª série do ensino fundamental).

Segundo o autor, um dos problemas que dificultam a compreensão dos livros direcionados ao público infantil é a linguagem, pois esta pode confundir a criança, que normalmente tem vocabulário e ideias aquém do desejado ou esperado pelos adultos. Diante disso, afirma ter selecionado para a obra apenas os tópicos passíveis de compreensão e apreciação pelas crianças, caracterizando-a como "preliminar" para o estudo da história.

O autor critica também as obras históricas, inclusive biográficas, que não oferecem ao leitor um "esboço", um "esquema" (*historic outline – general historical scheme*; esquema histórico – projeto de história geral) da história geral, não proporcionando a devida associação dos fatos no tempo e no espaço. Por essa razão, os assuntos serão tratados nessa obra de forma cronológica.

Se a cronologia é o veio condutor da obra, a divisão temporal é sua essência. O autor oferece então, para dar uma ideia visual da extensão do tempo e da progressão da história mundial, uma escadaria do tempo. Nela, cada degrau corresponde a cem anos (um século) e cada lance equivale a mil anos (um milênio). Ele sugere que a escadaria seja desenhada em certos locais da casa do leitor, como o quarto de brinquedo, o sótão ou até mesmo o celeiro. Segundo ele, melhor seria se fosse desenhada perto da cama para que, ao despertar pela manhã ou em qualquer outro momento, o leitor pudesse imaginar os fatos presentes nessa escadaria. O objetivo principal desse artifício é proporcionar uma forma de memorização da divisão temporal, marcada por certos eventos históricos. Isso seria necessário em decorrência da dificuldade da criança em memorizar datas em determinada linha temporal.

Além da escadaria do tempo a obra também contém o que Hillyer nomeia tabela do tempo: uma relação dos acontecimentos mais importantes tratados no livro, com a data em que ocorreram e as páginas em que se encontram. Os dois recursos permitiriam à criança visualizar as datas citadas e compor uma imagem mental do passado. Hillyer retoma ainda a preocupação e o valor que dava à capacidade de memorização do ser humano. Apesar de a aprendizagem não se restringir só a esse ato, a insistência de Hillyer no ponto leva-nos a supor que ele acreditava ser esse mecanismo seu incentivador. Ou seja, a memorização auxiliaria esse processo por enfatizar certos pontos importantes para a criança.

Em seguida, o autor apresenta outros dados relacionados ao estudo da história que podem confundir a criança. Além da questão temporal, das datas que marcam os eventos históricos, há também a do local e da(s) personagem(s) envolvida(s) nesses eventos. Assim, além do "quando", nesse trecho o autor mostra que a criança pode confundir-se com "onde" e "quem" estão relacionados ao fato histórico. Isso pode ser resolvido, segundo Hillyer, por constantes repetições do que já foi apresentado à criança, para que ela se familiarize com os novos dados.

Ainda sobre a tabela do tempo, Hillyer salienta que a criança deve "apoderar-se" dela e estudá-la como faz com uma tabela de multiplicação:

> Esta Tabela do Tempo, portanto, deverá ser estudada como as tabelas de multiplicação até que seja cem por cento conhecida e "assimilada", e até que o tópico conectado a cada data possa ser elaborado tanto quanto desejado. (Hillyer, p.xvii)[4]

Mais uma vez Hillyer ressalta a prática da repetição, agora com a conotação de "revisão": repete-se um dado apresentado para recordá-lo e para que permaneça gravado na mente infantil. Além disso, refere-se ao sucesso dessa prática entre os alunos da Calvert School, evidencian-

---

4 *"This Time Table, therefore, should be studied like the multiplication tables until it is known one hundred per cent and for 'keeps', and until the topic connected with each date can be elaborated as much as desired."*

do ser *A Child's History of the World* resultado de longo processo de aprendizagem desenvolvido pela escola.

O estudo da História pode tornar-se complexo e difícil por envolver questões concretas (dados) e também questões abstratas (tempo). Segundo Hillyer (ibidem, p.xvii),

> A história pode ser considerada tanto uma "disciplina mental" como os demais estudos, mas somente se dificuldades em datas e outras abstrações forem superadas pelo estudo árduo e aprendidas para serem lembradas, não meramente para serem esquecidas após a sua narração. A parte da "história" a criança lembrará com facilidade, mas o importante é o "quem e quando e onde e por quê" e essa parte é a relevante. Em vez de "Era uma vez, um homem", ela deverá dizer "O rei John em 1215 em Runnymede porque..."[5]

Neste trecho percebemos a distinção destacada pelo autor, própria da língua inglesa, dos termos *story* e *history*: o primeiro refere-se ao enredo, à trama que todo evento histórico possui, enquanto o segundo refere-se ao fato histórico devidamente localizado no tempo e no espaço. Enquanto o primeiro pode até carecer de dados mais precisos, como "quem, quando, onde e por que", o segundo só subsiste graças a eles. Portanto, ao primeiro (*story*) é permitida a marca da imprecisão, enquanto do segundo (*history*) exige-se certa precisão.

Feita a apresentação dos objetivos e do percurso pretendidos pela obra e da importância e possibilidades deles, o autor finaliza a introdução citando o exemplo de um professor recém-formado, muito entusiasmado com sua estreia como docente de história. Diante dos alunos, em sala de aula, ele tinha atitudes inusitadas: cantava, desenhava mapas no chão, saltava carteiras e inclusive as

---

[5] "*History may be made just as much as 'mental discipline' as some other studies, but only if difficulties of dates and other abstractions are squarely met and overcome by hard study and learned to be remembered, not merely to be forgotten after the recitation. The story part the child will easily remember, but it is the 'who and when and where and why' that are important, and this part is the serious study. Instead of, 'A man, once upon a time,' he should say, 'King John in 1215 at Runnymede because'...*"

colocava em sua cabeça para explicar determinados assuntos. Os alunos ficavam estarrecidos diante de tais situações até que, passado um mês, a diretora sugeriu a ele que fizesse um teste, uma avaliação de seus alunos,

> [...] e ele o fez com total confiança.
> Eram apenas três questões:
> (1) Diga tudo o que puder sobre Colombo.
> (2) "   "   "   "   "   "   Jamestown.
> (3) "   "   "   "   "   "   Plymouth.
> E aqui estão as três respostas de um dos mais interessados alunos:
> (1) Ele foi um "grade" homem.
> (2) "   "   "   "   "   "
> (3) "   "   "   "   "   "   ("to").[6] (ibidem, p.xix)

É assim, de forma muito irônica, que o autor demonstra como a escolha do método é importante para que certos objetivos de aprendizagem sejam alcançados. A inovação do método não garantiu o êxito esperado por parte "de um dos mais interessados alunos" da classe. Ao contrário, como demonstram as respostas do aluno, ele não tinha conhecimento suficiente sobre o que foi questionado, portanto não houve aproveitamento (assimilação) suficiente do que foi apresentado em sala de aula. Ele acompanhou a "economia de palavras" utilizada pelo professor e apresentou suas respostas de modo monossilábico, genérico e, ainda, aproveitando-se da grafia da linha anterior. Ainda cometeu dois erros: usou o substantivo *grate* (grade, grelha de fogão) no lugar do adjetivo *great* (grande) e colocou uma

---

6 "[...] *and he gave it with perfect confidence.*
There were only three questions:
(1) Tell all you can about Columbus.
(2) "   "   "   "   "   Jamestown.
(3) "   "   "   "   "   Plymouth.
And here are the three answers of one of the most interested pupils:
(1) He was a grate man.
(2) "   "   "   "   ".
(3) "   "   "   "   " (to)."

preposição (*to*) no lugar de um advérbio (*too*). Com esse exemplo, o autor tenta demonstrar que a eficácia de um método educacional não se restringe a uma aparente inovação ou à estranheza que desperta, mas reside no resultado final, na comprovação da assimilação pelo aluno do que lhe foi apresentado.

Ainda na primeira parte, antes do capítulo 1, são apresentadas a escadaria do tempo e a tabela do tempo. Ambas são acompanhadas por uma pequena apresentação que as explica e, no caso da tabela do tempo, há uma advertência dirigida ao leitor para que ele não se aborreça ou se confunda com tantos dados apresentados:

> Não devore estas datas todas de uma vez, ou elas o deixarão doente e você nunca vai querer vê-las novamente.
>
> Apodere-se delas aos poucos, somente uma ou duas por vez depois de cada história, e certifique-se de digeri-las totalmente.[7] (ibidem, p.xxiii)

Evidencia-se assim que a memorização requer uma técnica, ela não deve ser feita de modo aleatório, mas ocorrer paulatinamente, após o conhecimento e o interesse despertado pelo tópico tratado. Este, aliás, é um dos princípios educacionais de Hillyer: aliado à disciplina, ao trabalho árduo, deveria ocorrer o interesse, o estímulo à curiosidade e à imaginação da criança. Ele acreditava que esta só começaria a aprender quando fosse despertada para a utilidade ou a beleza do que lhe estava sendo apresentado. Por isso, em sua obra usou estratégias variadas, assim como um professor de história deveria fazer com seu aluno. As estratégias servem tanto para despertar a atenção do leitor quanto para facilitar a assimilação de alguns dados ressaltados pelo autor.

---

[7] "*Don't devour these dates all at once, or they'll make you sick, and you'll never want to see one again. Take them piecemeal, only one or two at a time after each story, and be sure to digest them thoroughly.*"

Estratégias textuais

A Child's History of the World constitui-se de um texto que não se restringe ao discurso científico e dissertativo. Apresenta uma linguagem que tenta reproduzir uma relação díade (no caso, entre autor e leitor), mecanismos de memorização, associações explicativas, composição gráfica que explora o aspecto visual das palavras e o reforço extra de títulos e ilustrações intrigantes e não simplesmente explicativos. A linguagem, por exemplo, mostra não apenas cuidado com o nível do vocabulário, mas reproduz a oralidade e o didatismo presentes em uma aula de história, segundo os moldes propostos pela Calvert School e idealizados por Hillyer quando era o diretor.

Eles são representados pelos discursos exemplares expressos na primeira pessoa do singular e pelos vários momentos em que o autor se dirige explicitamente ao leitor, fazendo até mesmo referências a seu contexto de vida particular. Os fatos históricos são apresentados segundo o ponto de vista de um narrador, que faz questão também de relatar experiências pessoais a um destinatário intratextual. Tal configuração causa-nos estranheza, já que não é comum a presença de tais categorias (narrador e narratário), próprias de obras literárias, em um texto didático de história.[8]

Aliados a relatos históricos, pertinentes a uma obra didática de história, os relatos de caráter privado não são localizados em tempo e espaço exatos, permanecendo indeterminados. Eles são facilmente distintos dos fatos históricos narrados, sempre esclarecidos quanto ao tempo, ao espaço e às personagens neles envolvidos. Notamos que no decorrer de toda a obra entremeiam-se relatos pessoais, imprecisos quanto ao tempo e ao espaço, com relatos históricos, datados e localizados geograficamente.

---

8 Conforme explicação de Aguiar e Silva, o narratário deve ser entendido como um destinatário intratextual do discurso narrativo; é aquele para quem o narrador conta a história, ou parte da história narrada. Ele não se confunde com o leitor real, apesar de poder apresentar correlações com o destinatário da mensagem em questão. Devemos salientar que o narratário pode apresentar-se como uma personagem, acumulando ainda uma função interventora na narrativa. É o que ocorre na adaptação feita por Monteiro Lobato, conforme veremos no capítulo 2.

Esses relatos de cunho pessoal servem para despertar o interesse do narratário, como percebemos já na passagem que inicia *A Child's History of the World*:

> Era uma vez um menino,
> Assim como eu.
> Ele permanecia na cama até sete horas da manhã até seu pai e mãe estarem prontos para levantarem-se.
> Assim como eu.
> *Como ele sempre despertava antes desta hora, ele costumava continuar deitado e pensar sobre todo tipo de coisas curiosas;*
> Assim como eu.
> Uma coisa que ele costumava imaginar era isto:
> Como seria o mundo se não existissem –
> Nem pais nem mães,
> Nem tios nem tias,
> Nem primos ou outras crianças para brincar,
> Nenhuma pessoa, exceto ele próprio em todo mundo!
> Talvez você tenha imaginado a mesma coisa;
> Assim como eu.
> [...] Assim como eu – pois eu era o menino. (ibidem, p.3)[9]

---

9 "*Once upon a time there was a boy,*
Just like me.
He had to stay in bed in the morning until seven o'clock until his father and mother were ready to get up;
So did I.
As he was always awake long before this time, he used to lie there and think about all sorts of curious things;
So did I.
One thing he used to wonder was this:
What would the world be like if there were-
No fathers and mothers,
No uncles and aunts,
No cousins or other children to play with,
No people at all, except himself in the whole world!
Perhaps you have wondered the same thing;
So did I.
[...] So did I – for I was the boy."

Assim como neste primeiro momento, no decorrer de toda a obra, o narrador apresenta outras situações comuns, cotidianas, nas quais esteve envolvido e que carecem de uma localização espaço-temporal. Aliados a esses tipos de relatos, são narrados certos fatos históricos, explicitados sempre que possível de acordo com as questões *when/ where/who/why*.[10] Esses relatos indeterminados são marcados também por expressões como *When I was a boy*, que remonta ao passado sem especificá-lo. A expressão é utilizada várias vezes, como no capítulo 19 quando o narrador faz a seguinte observação antes de tratar da religião dualista de medos e persas:

> Quando eu era um garoto sempre era avisado, e você provavelmente tenha sido avisado, da mesma coisa:
> "Você não pode ter sobremesa até ter comido seu jantar".
> Não importava se eu estava com fome ou não, "Sem jantar, sem sobremesa". Esta era uma regra que meu pai dizia ser "como as leis dos medos e dos persas". (ibidem, p.103)[11]

Independentemente do valor histórico, o narrador insiste nas experiências pessoais, pois elas despertam o interesse de seu destinatário e facilitam a compreensão do assunto que está sendo apresentado.[12]

---

10 Interessante notar que tais questões são basicamente as mesmas do chamado *lead* (comando, guiar, induzir), em português "lide". Usada no meio jornalístico, a expressão refere-se ao resumo inicial, à abertura que deve fazer parte da notícia ou reportagem a ser apresentada. A fórmula do lide tradicional é "3Q-CO-PQ", ou seja, *quem fez o quê* e *quando*, seguindo-se depois as explicações de *como, onde* e *por quê* (Rabaça, 1978, p.360). Parece que Hillyer acreditava que tais questões também eram básicas para o conhecimento de um fato histórico, aproximando-o assim do fato jornalístico.

11 "*When I was a boy I was always told and you have probably been told the same thing:*
'*You can have no dessert until you have eaten your dinner.*'
No matter whether I was hungry or not, '*No dinner, no dessert.*' *This was a rule which my father said was 'like the laws of the Medes and the Persians.'*"

12 O termo "destinatário", neste caso, deve ser entendido como o destinatário intratextual, ao qual nos referimos anteriormente, ou seja, é o narratário a quem o narrador se dirige.

Tais relatos acabam também por remeter nossa imaginação ao ambiente escolar, inspirando-nos a pensar em seu autor como um professor de história que se dirige a seus alunos. Estruturada dessa forma, a obra mantém a oralidade dominante em uma aula de história, segundo os preceitos de Hillyer. Apesar de o texto não apresentar explicitamente possíveis reações destes "alunos" (narratários), é quase impossível não imaginarmos uma relação educacional nos moldes valorizados por Hillyer. Segundo ele, o professor de história deveria instigar a curiosidade do aluno para determinado assunto com base em fatos de sua realidade e paulatinamente proporcionar o reconhecimento do valor daquele ensinamento para a sua vida. O narrador aproxima-se desta imagem de professor elaborada por Hillyer devido aos relatos que continuamente profere, almejando provocar em seu destinatário dúvidas e interesse sobre os temas históricos abordados e remetendo-se a fatos corriqueiros, do cotidiano. Sem deixar de apresentar os dados essenciais para a História (*history*), o narrador não deixa de aproveitar-se de uma trama narrativa (*story*) para formalizar sua explicação.

A interação educacional pretendida por Hillyer em sala de aula, deflagrada de um relato feito pelo professor, é representada em *A Child's History of the World* também quando o narrador insiste em uma afirmativa como se estivesse respondendo a uma dúvida ou confirmando uma possível surpresa do narratário/aluno. O narrador insiste em um "aparente" diálogo, em um diálogo imaginário com ele, dirigindo-lhe questões, "confirmando" suas possíveis surpresas e propondo-lhe reflexões, como nestas passagens:

Uma destas estrelas era nosso Sol – sim, nosso sol.[13] (ibidem, p.5)

O que você acha?

Veja se pode imaginar –

Era o nosso mundo! Sim, o mundo no qual nós vivemos agora.[14] (ibidem, p.6)

---

13 *"One of these stars is our Sun – yes, our Sun."*
14 *"What do you suppose?*
 See if you can guess –
 It was our World! – yes, the World on which we now live."

Então, por fim, surgiram – o que você acha? Sim – pessoas – homens, mulheres e crianças.[15] (ibidem, p.8)

Você já viu a lua durante o dia?
Oh, sim, você pode.[16] (ibidem, p.45)

Ao contrário do que poderia ocorrer em uma obra ficcional aberta, neste texto o destinatário é conduzido para determinada resposta, pois o objetivo é aguçar sua atenção, mas não deixar dúvidas quanto ao assunto apresentado e aos valores adjacentes a ele.

Por exemplo, no final do capítulo 2 o "descompromisso" do dia-a-dia primitivo é exaltado, e afirma-se: "Todo dia era feriado" (*"Every day was a holiday"*) (ibidem, p.14). Porém em seguida, o narrador apresenta uma série de "inconvenientes" e dificuldades deste tipo de vida, para finalmente apresentar uma questão: "Você acha que gostaria de ter vivido naquele tempo?" (*"Do you think you would like to have lived then?"*) (ibidem, p.15).

Anteriormente havia sido feita uma comparação da vida primitiva com a vida do século XX, sendo a primeira julgada de acordo com os princípios e valores da segunda. O questionamento torna-se portanto indutivo, direcionando sutilmente a resposta do destinatário, que deve se convencer de que "progresso" e "civilização" são conceitos absolutamente positivos.[17]

Em outros casos, a questão já induz a resposta do destinatário, como ao tratar da denominação das terras americanas conquistadas pelos europeus: "E então o Novo Mundo passou a ser chamado América devido a Américo, embora na verdade deveria ter sido nomeada de acordo com Colombo; você não acha?"[18] (ibidem, p.346).

---

15 *"Then, last of all, came – what do you suppose? Yes – People – men, women, and children."*
16 *"Did you ever see the moon in the daytime? Oh, yes, you can."*
17 Esta passagem será mais bem analisada ao tratarmos do conceito de história presente na obra.
18 *"And so the New World came to be called America after Americus, although in all fairness it should have been named after Columbus; don't you think so?"*

O mesmo tipo de pergunta indutiva também é feito ao se comentar sobre o número de estrelas na bandeira dos Estados Unidos da América. Comentário, aliás, bastante nacionalista, conforme podemos perceber: "Isto apenas porque treze é um número azarento; mas nossa bandeira com treze listras agita acima do solo, e ela tem nos trazido boa sorte; você não acha?"[19] (ibidem, p.419).

Porém, em outros momentos o narratário é chamado para refletir sobre determinadas questões sem sofrer nenhum tipo de direcionamento ou interferência. O narratário é convidado para imaginar certas situações e assim há uma abertura para a sua criatividade e para os seus pensamentos. Isso ocorre somente a partir do capítulo 12, o que nos leva a pensar se o narrador desejou "conduzir" o seu narratário em determinada direção, apontando-lhe alguns princípios que considerava fundamentais, para somente depois deixá-lo mais à vontade com seus próprios pensamentos. A primeira passagem desse tipo ocorre quando o autor trata da sucessão do rei Davi por seu filho Salomão: "Se uma boa fada oferecesse a você qualquer coisa que quisesse no mundo, eu desejaria saber o que teria escolhido"[20] (ibidem, p.71).

Apesar de propiciar esta abertura para a imaginação do leitor, é notável que sua resposta não alterará em nada a sua compreensão dos fatos narrados. Ao contrário de algumas das situações anteriores, quando ele é direcionado não apenas para determinada resposta, mas para determinado valor cultural e/ou moral, neste caso não "precisa" ser manipulado, ele "pode" ser deixado à vontade. Situação semelhante ocorre no capítulo 17 quando, após o relato do extermínio misterioso do exército de Senaqueribe, o rei assírio, o narrador apresenta uma hipótese, mas requisita também o narratário.

Apesar de não ser apresentado como personagem, o narratário evidencia-se na obra de Hillyer por certas marcas textuais. Ele é

---

19 *"That is why there are just thirteen is an unlucky number; but our flag with its thirteen stripes still waves over the land, and it has brought us good luck; don't you think so?"*
20 *"If a good fairy had asked you what you would rather have than anything in the world, I wonder what you would have chosen."*

o interlocutor do narrador, previsto pelo discurso dialógico por ele proferido. Este destinatário intratextual também se aproxima do "leitor implícito", conceito desenvolvido por Iser, que o define como uma estrutura do texto que antecipa a presença do receptor. O narratário, um tipo especial de leitor implícito, portanto, é a presença do "outro", do leitor real, previsto pelas estratégias textuais da obra. Porém, como bem alerta Iser (1996, p.75),

> o esquema descrito do papel do leitor é uma estrutura do texto. Mas, como estrutura do texto, o papel do leitor representa sobretudo uma intenção que apenas se realiza através dos atos estimulados no receptor. Assim entendidos, a estrutura do texto e o papel do leitor estão intimamente unidos.

Tais indícios demonstram também como o texto de Hillyer é dominado pela função conativa, pois o narrador esforça-se em influenciar o "outro" da mensagem, o narratário.[21] Ele tenta sempre se fazer notar por seu destinatário não só relatando fatos de sua vida, mas principalmente o invocando questionando-o. É notável como esse texto carrega nos traços de argumentação/persuasão a fim de convencer o narratário de algo e, consequentemente, o seu receptor. Portanto, o aspecto ficcional apresentado pela obra é apenas uma apelação, uma "artimanha" criada pelo autor para apresentar a seu leitor determinada mensagem (fatos históricos) de forma que facilite a sua compreensão. O caminho facilitador para Hillyer, almejado por ele conforme expõe na introdução da obra, foi aliar ficção e história.

Um recurso muito valorizado por Hillyer no processo de educação infantil era a memorização de certos dados pertinentes ao tema estudado. Em *A Child's History of the World* notamos a presença de algumas "sugestões" de memorização bastante criativas, apelando para

---

[21] Roman Jakobson distingue seis funções na linguagem verbal, cada uma voltada para determinado fator da comunicação verbal: *função emotiva*, centrada no emissor; *função conativa*, voltada para o destinatário; *função referencial*, centrada no contexto; *função fática*, relativa à eficácia do contato travado entre emissor e destinatário; *função metalinguística*, voltada para o código; *função poética*, centrada na mensagem (apud Vanoye, 1991, p.52-8).

elementos do cotidiano e algumas "estratégias" visuais. No capítulo 4, por exemplo, o narrador faz mais de uma sugestão referente aos rios Tigre e Eufrates, na tentativa de promover a absorção destes nomes e sua relativa importância pelo "narratário-aprendiz": "Você pode fazer estes dois rios no seu jardim ou quintal ou desenhá-los no chão se sua mãe permitir. Apenas por diversão você pode nomear seus copos 'Tigre' e 'Eufrates'"[22] (ibidem, p.21).

A maioria das sugestões, contudo, refere-se a certas datas, confirmando um dos objetivos apontados por Hillyer na introdução. Para propiciar ao narratário a lembrança de algumas delas, sugere supô-las como se fossem números de telefone:

> Você pode lembrar disto supondo ser o número de telefone de uma pessoa para quem você quer ligar:
> Menés, primeiro rei egípcio....... 3.400 a. C.[23] (ibidem, p.29)

> Para lembrar quando ele viveu, simplesmente pense esta data como um número de telefone:
> Queóps....... 2.900 a. C.[24] (ibidem, p.38)

Além das datas, há uma passagem que demonstra a preocupação do narrador em propiciar a memorização também de certos atos característicos de alguns personagens, como as leis criadas pelo imperador Justiniano: "Se você notar que Justiniano começa com 'Just', isto vai ajudá-lo a lembrar-se de que ele foi um dos que fizeram leis justas"[25] (ibidem, p.232).

---

22 *"You might make these two rivers in the ground of your yard or garden or draw them on the floor if your mother will let you. Just for fun you might name your drinking-cup 'Tigris' and your glass 'Euphrates'."*
23 *"You might remember it by supposing it is a telephone number of a person you wanted to call up:*
   Menes, First Egyptian king.......3400 b. C."
24 *"To remember when he lived, simply think of this as another telephone number:*
   Cheops....... 2900 b. C."
25 *"If you notice that Justinian begins with 'Just,' this will help you to remember that he was the one who made just laws."*

Para Hillyer, a memorização era o primeiro passo para a aprendizagem, mas não se confundia com ela. No caso dessa obra, ela só seria completada com a compreensão do motivo, da razão que originou o tema tratado (*why*). Portanto, esta estratégia seria apenas parte de um todo, e mais, ela estaria a serviço da perspectiva histórica adotada por Hillyer.

Um dos recursos mais utilizados pelo narrador no decorrer de *A Child's History of the World* é promover curiosas associações entre determinados dados históricos e elementos que fazem parte do provável contexto em que está inserido o destinatário dela. Tais associações devem despertar o seu interesse e facilitar a compreensão do que está sendo apresentado pelo texto.

Selecionamos algumas passagens que se destacam pela provável eficácia alcançada graças à simplicidade dos elementos escolhidos. Isso ocorre, por exemplo, quando as enchentes do rio Nilo são comparadas a um "possível" alagamento de um jardim particular:

> Chove tanto na primavera que a água transborda o rio Nilo, inunda suas margens, e espalha-se pela terra, mas não muito fundo. É como se você tivesse ligado uma torneira e deixasse a água escorrer, ou tivesse aguado seu jardim com uma mangueira e então a tivesse largado e a esquecesse.[26] (ibidem, p.27)

Em outras passagens os hieróglifos são comparados às "cartas enigmáticas", pelo exotismo de seus sinais se comparados com as letras do nosso alfabeto; os desenhos presentes nos templos e nas pirâmides são equiparados aos desenhos feitos por uma criança, pela simplicidade de seus traços; a escrita cuneiforme, elaborada pelos babilônios, por sua estrutura "rudimentar" é comparada às pegadas de uma galinha; o formato geográfico da Itália é comparado à Bota de Sete Léguas, um elemento mágico presente no universo ficcional infantil.

---

26 "*It rains so hard in the spring that the water fills up the river Nile, overflows its banks, and spreads far out over the land, but not very deep. It is as if you had left a water-spigot turned on and the water running, or had begun to water your garden with a hose, and then you had gone off and forgotten it.*"

Elementos da realidade provavelmente conhecidos pelo narratário também são apontados pelo narrador em alguns momentos. Um dos hábitos dos assírios, por exemplo – capturar animais e colocá-los em jaulas –, é equiparado aos zoológicos atuais: "Frequentemente eles capturavam os animais vivos que caçavam e os colocavam em jaulas e então as pessoas poderiam vê-los. Era como um 'zoológico', como nós temos nos dias atuais"[27] (ibidem, p.96).

Já os jogos de bola realizados pelos garotos nas ruas servem de pretexto e de exemplo para o narrador apontar a necessidade de a cidade de Atenas criar leis:

> Sempre que eu passo por um grupo de garotos jogando bola na rua, escuto algum deles gritar "Isto não é justo!"
> Sempre parece haver alguns jogadores que acham que os outros não estão jogando corretamente. As partes estão sempre brigando.
> Eles precisam de um juiz.[28] (ibidem, p.114)

Finalmente, uma das associações mais interessantes de Hillyer refere-se à palavra "ostracismo", quando toma por referência uma possível experiência vivenciada por seu narratário:

> Já mandaram você se retirar da mesa da cozinha ou ir para o seu quarto por ser desobediente?
> Então a você, também, foi aplicado o ostracismo.[29] (ibidem, p.118)

---

27 *"Often they would capture the animals they hunted alive and put them in cages so that the people could come and see them. This was something like a 'zoo' such as we have nowadays."*
28 *"Whenever I pass a group of street boys playing ball, I almost always hear some one shout, 'That's no fair!'*
There always seem to be some players who think the others are not playing fair. Sides are always quarreling.
They need an umpire."
29 *"Have you ever been sent away from the table to the kitchen or to your room for being naughty?*
Then you, too, have been ostracized."

Fenômenos naturais, criações artísticas e até o comportamento humano são utilizados para auxiliar a explicação de algo novo para o destinatário, que dificilmente o entenderia sem o uso desses artifícios. Notamos que as dificuldades implícitas em tais passagens são basicamente de dois tipos: compreensão visual e compreensão comportamental do que está sendo apresentado a ele. Hillyer cria assim um universo fictício semelhante à realidade, aproximando o contexto do receptor de seu texto ao do narratário em questão.

A criatividade dessa obra pode ser percebida também por seu aspecto visual, sua composição gráfica. O texto está repleto de inovações gráficas e visuais em virtude de variações de tamanho das letras e disposição não convencional de certas palavras. No capítulo 1, por exemplo, para ressaltar o longo período de chuvas que contribuiu para o resfriamento da Terra, um trecho da frase é repetido de forma original:

então o vapor tornou-se chuva e choveu na Terra,
    e e e

    c c c
    h h h
    o o o
    v v v
    e e e
    u u u[30] (ibidem, p.7)

---

30 "*Then the steam turned to rain and it rained on the World,*
  a a a
  n n n
  d d d

  i i i
  t t t

  r r r
  a a a
  i i i
  n n n
  e e e
  d d d"

A repetição sucessiva de palavras, utilizada como meio de acentuar a extensão de tempo envolvendo determinada situação, está presente em uma passagem do capítulo 5. Nele, o autor aborda questões importantes relativas à contagem do tempo pelo passado familiar do leitor, referindo-se a seus ancestrais como avôs e bisavôs desta forma:

> Talvez o
> pai
> do pai
> do seu avô
> tenha vivido quando Washington foi
> presidente, e o
> pai
> do pai
> do pai
> do pai
> do seu avô
> Tenha vivido quando existiam apenas índios selvagens neste país.[31]
> (ibidem, p.24-5)

Outra passagem interessante envolvendo este tipo de recurso visual ocorre no capítulo 52, quando o autor faz alusão ao rei Ricardo Coração-de-Leão. Ressaltando como ele era amado e ao mesmo tempo temido por seu povo, o autor apresenta um relato finalizando-o com um vocábulo onomatopeico, que imita o rugido de um leão:

---

31 *"Perhaps your*
 great,
  great,
   grandfather
 may have been living when Washington was
  President, and his
   great,
    great,
     great,
      great,
       grandfather
 may have been living when there were only wild Indians in this country."

Muito antes de ele morrer, mães tentavam aquietar uma criança desobediente e chorona dizendo: "Silêncio! Se você não for bom, Rei Ricardo vai pegar você!" SCHNOFFGOBBELLUM![32] (ibidem, p.299)

Em outra passagem, a gagueira do orador ateniense Demóstenes é ressaltada também visualmente e pode ser "experimentada" pela leitura da frase: "Além disso, ele g-g-gaguejava m-m-muito e não podia re-citar nem um pe-pe-pequeno p-p-poema sem hesi--tar e tro-tro-tropeçar (nas palavras) que as pessoas riam dele"[33] (ibidem, p.158).

As palavras tornam-se então um modo de enfatizar certos aspectos do assunto apresentado. Pela ênfase de certas palavras, pela variação do tamanho das letras utilizadas, por uma sugestiva disposição visual e até pela tentativa de representação visual de um "som" (gagueira), o autor produz um texto criativo, que envolve o leitor e deve auxiliá-lo, como o próprio Hillyer esperava, a visualizar as situações suscitadas.

Títulos e ilustrações

Hillyer concebia os títulos como um artifício, entre muitos outros, para despertar o interesse do seu destinatário para o assunto a ser apresentado. Nessa obra, não só os títulos, mas também os desenhos de Carle Michel Boog e M. S. Wright não são simples complementos ou orientadores do texto apresentado. Eles e o texto fundem-se, consolidando a tendência exploratória do aspecto visual pelo autor e contribuindo para o caráter criativo da obra.

---

[32] "Even long, long after he had died, mothers would try to quiet a naughty and crying child by saying:
  'Hush! If you don't be good, King Richard will be get you!'
  SCHNOFFGOBBELLUM!"
[33] "Besides this, he st-st-stammered very b-b-badly and could not re-cite even a sh-sh-short p-p-poem without hesit-t-tating and st-st-stumbling so that people laughed at him."

Alguns títulos são tão inusitados que só se tornam compreensíveis após a leitura do capítulo correspondente. É o caso do capítulo 2, *Umfa--Umfa and Itchy-Scratchy*, que significariam, respectivamente, segundo o autor, o som de um grunhido do homem pré-histórico e o nome de um menino ou menina pré-histórica. Também o título do capítulo 8, *I- H--S---- V-----* só será apresentado no final dele, conforme alerta o autor já no primeiro parágrafo: "O nome desta história eu vou colocar no final, pois você não saberia o que significa, de qualquer forma, até ter escutado a história, e então não olhe ainda"[34] (ibidem, p.215). E por fim ele revela:

> Como agora você sabe o que o nome desta história significa, eu vou colocá-lo aqui:
> *In Hoc Signo Vinces*[35] (ibidem, p.218)

Outros títulos destacam-se pelo inusitado da situação que propõe: *A rich land where there was no money* (cap. 8), *Rome kicks out her kings* (cap. 22), *Bibles made of stone and glass* (cap. 53). Em alguns, o autor aproveita a sonoridade e a contraposição das palavras: *Wise men and otherwise* (cap. 28), *Tit-tat-to; three kings in a row* (cap. 52) e *Off with the old, on with the new* (cap. 58). O título do capítulo 35 reproduz uma frase bíblica – "*Thine is the kingdom, the power, and the glory*" – e o do capítulo 72 apela para o "visual": a frase *Upside Down* está invertida, ou seja, de "ponta-cabeça".

Tais títulos não são meros detalhes que passam despercebidos. Eles comprovam a criatividade que perpassa toda a obra, formulada para despertar o interesse de seu destinatário e facilitar a compreensão dos fatos apresentados. Também mostram o cuidado do autor com a mensagem apresentada, o que nos remete à função poética da linguagem, segundo a acepção de Jakobson (apud Vanoye, 1991, p.52-8). Tal função está centrada na mensagem como tal; ela põe em evidência o lado palpável dos sinais e objetos. Segundo Aguiar e Silva (1988,

---

34 "*The name of this history I'm going to put at the end, for you wouldn't know what it means, anyway, until you have heard the story, and so it's no use looking ahead.*"
35 "*As now you know what the name of this story means I'm putting it here:* In Hoc Signo Vinces."

p.62), "a mensagem poética, enquanto *organização formal*, enquanto *textura de significantes* ('o lado palpável dos sinais') – jogo de ritmos, aliterações, eufonias, rede de paralelismos, anáforas etc. – constitui-se em finalidade de si mesma".

Como vimos, em *A Child's History of the World* encontramos algumas dessas práticas no decorrer do texto, mesmo tratando-se de uma obra didática.

Já o diferencial quanto à parte ilustrativa decorre da imagem de uma figura semelhante a um ser humano, magro, de pernas muito afiladas e orelhas pontudas, semelhantes às dos duendes. Ela aparece na obra pela primeira vez já na página de apresentação, abaixo do título, nome do autor e dos ilustradores. Ele está sentado, de pernas cruzadas, em uma espécie de bloco de pedra, no qual estão gravados três zeros. Como podemos notar, sua expressão é de alguém zangado ou aborrecido.

Figura 1 – Página de apresentação

Fonte: Hillyer, 1924, p.iii.

Ele volta a aparecer no final de alguns capítulos sempre junto ao bloco de pedra, no qual está gravada uma data significativa referente ao assunto então abordado. Elementos referentes ao assunto o acompanham, criando uma composição extravagante e absolutamente original.

UMA HISTÓRIA MEIO AO CONTRÁRIO 41

No final do capítulo 39, por exemplo, que trata dos povos que invadiram a Europa, encontramos um desenho do "homenzinho" carregando um enorme saco nas costas (sugerindo o caráter nômade desses povos) e segurando uma espada da qual escorre sangue (sugerindo a "selvageria", o espírito de luta deles).

Figura 2 – Capítulo 39

Fonte: Hillyer, 1924, p.224

No final do livro, as ilustrações são ainda mais sugestivas. No capítulo 77, intitulado *The age of miracles*, vemos apenas a data 1905 gravada na lápide e o desenho de um avião acima dela:

Figura 3 – Capítulo 77

Fonte: Hillyer, 1924, p.459

No capítulo seguinte, que trata da Primeira Guerra Mundial, encontramos uma ilustração do "homenzinho" com um capacete, empunhando uma espingarda, um dos pés enfaixado e segurando uma bengala, ao lado do bloco de pedra no qual está gravado o ano de 1918. Destacam-se assim as mazelas que a Primeira Guerra Mundial deixou. Mas o sorriso do "homenzinho" leva-nos a pensar na satisfação dos países vitoriosos:

Figura 4 – Capítulo 78

Fonte: Hillyer, 1924, p.464

Por fim, no último capítulo, intitulado *Yesterday, today, tomorrow*, o personagem encontra-se sentado sobre o bloco de pedra olhando por um periscópio, provavelmente para o futuro. No bloco lê-se "*NOW*":

Figura 5 – Capítulo final

Fonte: Hillyer, 1924, p.470

Essas ilustrações são bastante simbólicas: elas reforçam determinado aspecto, aquele que foi ressaltado pelo autor sobre o assunto tratado. Portanto, podem não estar ali apenas para "enfeitar" o texto, mas também não o extrapolam. Na verdade, são quase óbvias e em relação ao texto chegam a ser redundantes. Isso confirma a proposta didática e engrossa o feixe de estratégias utilizadas pelo autor para alcançar seu objetivo principal: criar um texto acessível sobre história universal para determinado público e oferecer-lhe um esquema temporal, ressaltando datas marcantes que devem ser memorizadas por ele.

Quando Hillyer deixa claro que seu intuito é produzir uma obra didática para iniciantes, certos preceitos estão aí implícitos. Por um lado, todo texto didático visa instruir seu leitor sobre determinado assunto, já que ele tem finalidades pedagógicas; por outro lado, o seu entendimento requer o conhecimento de um conjunto de princípios e conceitos sobre os quais repousa certo campo do saber. Portanto, os variados recursos presentes em *A Child's History of the World* visam despertar o interesse do seu leitor e facilitar a compreensão de princípios e conceitos até então desconhecidos por ele. Em outras palavras, são a "ponte" facilitadora criada por Hillyer para conduzir seu leitor a determinado saber e, especificamente, a determinada visão histórica.

A despeito de apelar para certos recursos visuais, fazer referências constantes a assuntos triviais e tentar imprimir ao texto certa oralidade, não devemos nos iludir: todas estas estratégias estão a serviço de um conjunto de conceitos, ou ainda, são instrumentos que introduzem o leitor em um "mundo" até então desconhecido.

O conceito de história

A introdução de *A Child's History of the World* já nos fornece alguns indícios de qual é a visão histórica por ela pretendida. Sustentada pelas questões *when/where/who/why*, a proposta do autor na introdução é apresentar a história como uma narrativa cronológica, centrada em grandes acontecimentos e grandes nomes, cujas datas principais devem ser memorizadas pelo leitor.

Mesmo não sendo um especialista em história, ao produzir uma obra como esta Hillyer aproximou-se do ofício de historiador, já que este também se encarrega de narrar certos acontecimentos. Como afirma Le Goff (1984, p.158), a palavra "história" exprime, nas línguas românicas,

> dois, senão três, conceitos diferentes. Significa: 1) esta "procura das ações realizadas pelos homens" (Heródoto) que esforça por se constituir em ciência, a ciência histórica; 2) o objeto de procura é o que os homens realizaram. Como diz Paul Veyne, "a história é, quer uma série de acontecimentos, quer a narração desta série de acontecimentos". [...] Mas a história pode ter ainda um terceiro sentido, o de *narração*. Uma história é uma narração, verdadeira ou falsa, com base na "realidade histórica" ou puramente imaginária – pode ser uma narração histórica ou uma fábula. O inglês escapa a esta última confusão porque distingue entre *history* e *story* (história e conto).[36]

Portanto, ao voltarmos nossa atenção para a concepção de história presente na obra somos forçados a abordar também algumas questões relacionadas ao trabalho do historiador.

Logo no início de *A Child's History of the World*, Hillyer demonstra certa preocupação em deixar claro para o leitor que as afirmações dele relativas à história baseiam-se em provas materiais, que nos levam a conclusões lógicas. Haveria assim certo anseio de aproximar-se da pretensa verdade, de como os fatos "realmente aconteceram". Segundo Hillyer, há dois tipos de suposições: aquelas que se assemelham a uma adivinhação e aquelas que se baseiam em sinais visíveis, em evidências materiais:

> Mas existem dois tipos de suposições. Se eu fecho minhas mãos e peço para você adivinhar em qual delas há uma moeda, este é um tipo de suposição. Ela pode estar certa ou estar errada. É apenas uma questão de sorte.

---

36 Mesmo que a língua inglesa faça esta diferenciação, isto não impediu Hillyer de criar um texto em que estes dois universos se combinam; contudo, eles não devem ser confundidos. Acreditamos que Hillyer estava atento para esta diferenciação e apenas "brincou" com a ambiguidade para tornar seu texto mais agradável ao seu leitor.

Mas existe outro tipo de suposição. Quando há neve no chão e eu vejo pegadas de uma bota nela, suponho que um homem deve ter passado por ali, pois botas normalmente não caminham sem que alguém as esteja calçando. Este tipo de suposição não depende da sorte, mas de raciocínio. E então nós podemos supor muitas coisas que aconteceram tempos atrás, ainda que não houvesse ninguém naquele tempo para vê-las ou falar sobre elas.[37] (ibidem, p.10)

Há portanto, por parte do autor, uma preocupação em ressaltar o caráter científico da história, o seu aspecto racional, a objetividade que lhe deve ser atribuída. Neste ponto, aproxima-se do positivismo, filosofia concebida por Auguste Comte (1798-1857) que chegou a afirmar: "somente são reais os conhecimentos que repousam sobre fatos observados" (apud Aranha; Martins, 1993, p.381). Ou seja, Hillyer preconiza o método positivista para o conhecimento histórico ao afirmar que este deve partir do real, de dados concretos, que deve basear-se em fatos que podem ser comprovados.[38]

Parece, inclusive, que Hillyer é adepto do que Carr (1996, p.45) chama de visão "senso comum" da história. Segundo tal ponto de vista,

a história consiste num corpo de fatos verificados. Os fatos estão disponíveis para os historiadores nos documentos, nas inscrições, e assim por diante, como os peixes na tábua do peixeiro. O historiador deve reuni-los, depois levá-los para casa, cozinhá-los, e então servi-los da maneira que o atrair mais.

---

37 "*But there are different kinds of guesses. If I hold out my two closed hands and ask you to guess which one has the penny in it, that is one kind of a guess. Your guess might be right or it might be wrong. It would be just luck.*
 But there is another kind of a guess. When there is snow on the ground and I see tracks of a boot in the snow, I guess that a man must have passed by, for boots don't usually walk without some one in them. That kind of a guess is not just luck but common sense. And so we can guess about a great many things that have taken place ago, even though there was no one there at the time to see them or tell about them."
38 Não é à toa, portanto, que já na introdução Hillyer se refira à distinção, própria da língua inglesa, entre os termos *story* e *history*. O cuidado em mostrar as diferenças essenciais entre eles permeia toda a obra *A Child's History of the World*, na ânsia de delimitar o espaço fictício (*story*) e discerni-lo do que é verdadeiro (*history*).

Mesmo acatando tal perspectiva, aparentemente tão "objetiva", devemos perguntar: como definir o que é um fato histórico? Para responder à questão, Carr discute dois pontos importantes relacionados a ela: primeiro, para o "senso comum" há certos fatos básicos que formam a "espinha dorsal" da história. Esta se constitui de dados exatos, que determinam o local e a data em que ocorreram certos eventos históricos, como uma batalha, por exemplo. Interessante notar que, na introdução de *A Child's History of the World,* Hillyer (1924, p.XVIII) apresenta uma metáfora semelhante a esta, ao afirmar: "É narrado apenas o suficiente para formar um esqueleto e fazê-lo viver".[39]

Entretanto, alerta Carr, a exatidão para um historiador (e consequentemente para a obra que produz) é condição necessária, mas não é a única. Como observa Housman, neste caso a "exatidão é um dever e não uma virtude" (apud Carr, 1996, p.46). Diante disso, podemos supor que o diferencial de *A Child's History of the World* não está nas informações relativas às questões *when/where/who* propostas pelo autor, mas refere-se muito mais à questão *why*, que nos leva ao segundo ponto apontado por Carr relativo à questão "o que é um fato histórico": os fatos não falam por si, eles são escolhidos e colocados em uma ordem e em um contexto de acordo com a vontade do historiador.

Podemos concluir, então, que Hillyer, como todo historiador, foi antes de tudo um "selecionador", ao determinar quais os fatos dignos de serem apresentados em sua obra. Isso indica que os fatos históricos não existem de forma objetiva, independentes do historiador e, consequentemente, da interpretação que este faz deles. Barraclough (apud Carr, 1996, p.50) afirma que "a história que nós lemos, embora baseada em fatos, não é para dizer a verdade absolutamente factual, mas uma série de julgamentos aceitos".

Considerando então que os fatos históricos chegam até nós "filtrados" por quem os registrou, devemos fazer algumas observações: diante de um trabalho de história deveríamos nos preocupar, em um primeiro momento, não com os fatos que ele apresenta, mas com *quem*

---

39 *"Just enough narrative is told to give the skeleton flesh and blood and make it living."*

o escreveu. Retomando a metáfora dos fatos históricos comparados com peixes, Carr (1996, p.59) afirma:

os fatos na verdade não são como peixe na peixaria. Eles são como peixes nadando livremente num oceano vasto e algumas vezes inacessível; o que o historiador pesca dependerá parcialmente da sorte, mas principalmente da parte do oceano em que ele prefere pescar e do molinete que ele usa – fatores estes que são naturalmente determinados pela qualidade de peixes que ele quer pegar. De um modo geral, o historiador conseguirá o tipo de fatos que ele quer. História significa interpretação.

Além disso, temos que estar cientes de que o passado só pode ser visualizado e compreendido pelos olhos do presente. O historiador é um indivíduo inserido em determinada época e a ela mantém-se ligado. A começar, por exemplo, pela linguagem que ele usa: como ressalta Carr (ibidem), "as próprias palavras que usa – tais como democracia, império, guerra, revolução – têm conotações presentes das quais ele não pode se divorciar".

Não queremos, contudo, diante de tais argumentações, dar a impressão de que a história é absolutamente subjetiva ou que qualquer interpretação é tão boa quanto outra. O que queremos salientar é que toda reconstituição histórica não é apenas um produto isolado, mas resulta do eco de muitas vozes. Por isso, ao apresentarmos parte do conteúdo relativo aos fatos históricos presentes em *A Child's History of the World*, necessariamente faremos referência às convicções de determinado grupo social e de determinada época também.

Quando afirmamos que pela análise da obra podemos constatar alguns princípios e valores de determinado grupo social, estamos levando em consideração que ela não é apenas a produção de um indivíduo isolado, mas de um ser humano em interação com determinada sociedade. Carr (ibidem, p.67) sublinha: "sociedade e indivíduo são inseparáveis; eles são necessários e complementares um ao outro e não opostos". Partindo desse princípio, somos levados a crer que o conhecimento de um historiador não é sua propriedade individual e exclusiva: deste conhecimento participaram muitos homens, de gerações e países diferentes.

O historiador é um indivíduo e como tal também é um fenômeno social; assim, ele é tanto produto como porta-voz (consciente ou não) da sociedade à qual pertence. Nessa condição é que ele aborda os fatos históricos. Duas condições impõem-se, portanto, a qualquer análise que envolva a interpretação histórica efetuada por um indivíduo: para apreciar ou compreender um trabalho histórico é necessário constatar o ponto de vista que determinou a sua abordagem; deve-se também levar em conta que este ponto de vista está enraizado em determinado contexto social e histórico. Por isso, não nos deve causar espanto a presença de alguns fundamentos próprios do historicismo e do positivismo, teorias marcantes no século XIX, nesta obra de Hillyer. Nas palavras de Le Goff (1984, p.207),

> o historicismo marcou todas as escolas de pensamento do século XIX, conseguindo finalmente triunfar, devido à teoria de Darwin sobre o evolucionismo em *The Origin of Species* (1859). O conceito central desta teoria é o de desenvolvimento, muitas vezes tornado mais rigoroso pelo apoio do conceito de progresso.

Neste contexto destacou-se Leopold Ranke (1795-1886), historiador alemão considerado pelos historiadores franceses e, principalmente norte-americanos, o "pai da história", de uma história que se limitava à "estrita observação dos fatos". No fim do século XIX, o historicismo foi a corrente filosófica que triunfou nos Estados Unidos, com "deformações positivistas", conforme afirma Le Goff.

Este conceito de história difundido por Ranke teria contribuído fortemente para o que Burke chama de "paradigma" tradicional da história, considerado até bem pouco tempo *a* maneira de fazer história. O paradigma é resumido por Burke (1992) em seis pontos: 1) a história diz respeito essencialmente à política; 2) a história constitui-se essencialmente como uma narrativa de acontecimentos; 3) a história concentra-se nos "feitos dos grandes homens, estadistas, generais ou ocasionalmente eclesiásticos. Ao restante da humanidade foi destinado papel secundário no drama da história" (ibidem, p.12); 4) a história deve ser baseada em documentos, principalmente os oficiais;

consequentemente houve a "negligência de outros tipos de evidência. O período anterior à invenção da escrita foi posto de lado como "pré--história" (ibidem, p.13), por exemplo; 5) o historiador deve investigar quais as razões pessoais dos envolvidos em determinado acontecimento histórico; 6) finalmente, "segundo o paradigma tradicional, a História é objetiva. A tarefa do historiador é apresentar aos leitores os fatos, ou, como apontou Ranke, dizer "como eles realmente aconteceram" (ibidem, p.15).

Os pontos desse paradigma estão bem evidentes em *A Child's History of the World*. É notável como ela se constitui de uma série de narrativas protagonizadas pelos "grandes" personagens históricos, sobretudo por aqueles envolvidos diretamente na política, como faraós, imperadores, reis, rainhas e presidentes, representantes do Estado e do poder oficial. Além disso, Hillyer enfoca de forma especial as guerras. No capítulo 11, *A fairy-tale war*, chega a afirmar que toda narração história de uma nação começa e termina com uma guerra. Ainda no último capítulo volta ao tema, reconhecendo e confirmando a importância que dava para esse tipo de acontecimento.

Também no decorrer da obra, em passagens diversas, percebemos a insistência por parte de Hillyer em destacar a distinção própria da língua inglesa entre os termos *history* e *story*. Dessa forma, acaba por salientar a veracidade que deve caracterizar os acontecimentos históricos, condição já destacada no início da obra, distinguindo-os dos fatos imaginários, de certos mitos e lendas que às vezes aliam-se a fatos históricos. Este "alerta" é necessário, mas não suficiente para a compreensão de um trabalho histórico: os dados empíricos são imprescindíveis para a reconstituição do fato histórico, porém devemos também considerar que ele é "construído" pelo historiador. Somos influenciados por uma série de convenções, esquemas e estereótipos, um entrelaçamento de ideias que variam de uma cultura para outra e, certamente, dirigem o nosso olhar, tornando-o particular.

Por isso, mesmo acreditando e tentando apresentar fatos do passado de forma objetiva, para nós Hillyer revela muito mais o "seu" presente. Segundo Carr (1996, p.79), "não há indicador mais significativo do caráter de uma sociedade do que o tipo de história que ela escreve ou deixa de escrever". Essa obra de Hillyer pode então nos oferecer alguns indícios do pensamento de determinado grupo social do início do século XX.

O título *A Child's History of the World* já anuncia a pretensão de que é possível uma narrativa da "história do mundo", também conhecida como "geral" ou "universal". O conceito de história universal é considerado por Iglésias (1971, p.18) um equívoco, já que o desenvolvimento das ciências sociais provocou um alargamento do horizonte histórico dos séculos XVIII e XIX. O aprofundamento dessa área do conhecimento, com significativo volume de notícias sobre todos os povos, revelou o quanto havia de fictício no esquema ideal evolucionista, com as suas ideias de progresso e civilização, ou quanto era deformada e oca sua crítica aos povos julgados primitivos.

Hoje, a perspectiva sobre outros povos se amplia e paradoxalmente percebemos como é impossível conceber a ideia de uma "história universal", entretanto pretensão de alguns até meados do século XX. Atualmente, obras desse gênero são feitas por especialistas diversos e recebem títulos mais adequados, como a coleção dirigida por M. Crouzet, *História das civilizações*.

A "história universal", de fato, à maneira antiga, não passa de abstração. É o estudo do mundo dominante, da Europa Ocidental, com vagas referências ao norte da África e ao Oriente Próximo, ou simples citações de outras áreas. A universalidade pretendida é antes geográfica que histórica, uma vez que as regiões remotas são apenas referidas como natureza ou exotismo, sem real compreensão de seus valores humanos. A "história universal" assim feita não existe e só se pode justificá-la com objetivo didático, em plano secundário. O que há são histórias parciais, particulares. Para que fosse possível uma história universal era necessário existisse continuidade rigorosa das várias civilizações no tempo, cadeia ininterrupta de heranças; mais ainda, que as várias civilizações que se desenvolvem sincronicamente tivessem algo em comum, abertas umas às outras à simpatia e à comunicação. Como a realidade não se apresenta assim, o que se chama história universal é escolha e combinação de elementos feita de modo arbitrário e com critérios subjetivos. (ibidem, p.19)

De fato, apesar de quase toda a Terra já ser conhecida no século XIX, "o horizonte histórico só compreendia os chamados povos cultos, o que quer dizer os europeus, alguns americanos e asiáticos. Principalmente europeus" (ibidem, p.28). Nem mesmo as transformações ocorridas no século XVIII na Europa, como a Revolução Industrial e a Revolução Francesa, chegaram a abalar a autoconfiança deste continente. Ao contrário, fatores como o industrialismo, a imposição de uma nova ordem social e política, em virtude do fortalecimento da burguesia e do imperialismo, fizeram da Europa um centro vitorioso de poder. E o evolucionismo por sua vez sancionou, ideologicamente, o poderio do homem branco como um ser superior.

O estudo da "história universal" centralizou-se, assim, nos acontecimentos ocorridos no continente europeu ou que tinham estreita ligação com ele. É notável como tal ponto de vista é marcante em *A Child's History of the World*, já quando avaliamos seu índice. De um total de 79 capítulos, apenas seis tratam superficialmente de outras civilizações ou regiões distantes da Europa. O capítulo 20, intitulado *The other side of the world*, trata das principais crenças religiosas dos indianos, o bramanismo e o budismo, e dos chineses, baseadas nos princípios difundidos por Confúcio. A diferenciação entre eles e os cristãos é evidenciada já no início do capítulo, ao serem qualificados de *heathen*, ou seja, "pagãos", "gentios". Os capítulos 43 e 44 são dedicados aos árabes e principalmente ao islamismo. Vale notar que, assim como há certa "exaltação" daquelas invenções árabes que se expandiram e foram incorporadas por outras culturas, em especial a europeia, como os numerais arábicos, há igualmente uma resistência explícita em relação à expansão do islamismo. O temor de tal possibilidade é explícito e traduz, de certa forma, a crença em uma superioridade religiosa e até racial, típica da mentalidade europeia do período. Nos capítulos 59 e 60 encontramos certas referências ao continente americano e às Índias, somente aquelas necessárias para a compreensão da "aventura" das "grandes navegações" empreendidas por Colombo, Vasco da Gama e Fernão de Magalhães. Finalmente, o capítulo 61 volta-se para a dominação da América pelos europeus e para as civilizações dos astecas e maias, considerados mais "civilizados" do que as demais tribos encontradas pelos descobridores europeus.

Nesses capítulos torna-se evidente que o autor apresenta tais fatos do ponto de vista europeu, tomando por base o homem branco e os padrões instituídos por ele. Somos levados a crer que Hillyer foi influenciado pela ideologia que se origina no século XIX devido em parte à própria lógica do tempo – Hillyer foi formado em uma sociedade estruturada nessa base ideológica – e à nítida presença desse ideário em seu trabalho. O evolucionismo, por exemplo, já está explicitamente presente no capítulo 1 de *A Child's History of the World*, quando o autor narra a origem do universo, da Terra e dos seres que nela se desenvolveram do ponto de vista darwiniano. Nota-se que, embora no decorrer da obra ele faça diversas referências ao cristianismo, não há neste momento nenhuma referência à intervenção divina. A explicação é puramente científica e natural.

Já ao apresentar os homens pré-históricos evidencia-se sobremaneira uma visão eurocêntrica e progressista da história. Afirma-se que os homens primitivos eram "animais selvagens". Tal concepção origina-se de uma interpretação (equivocada) de certos dados, elencados pelo texto: os homens primitivos tinham cabelo por todo corpo; eles não tinham casa, dormiam no chão ou em cavernas; caçavam animais, desenhavam nas cavernas; roubavam ovos dos ninhos e os comiam crus; bebiam o sangue ainda morno dos animais que matavam e suas roupas eram feitas de peles de animais. Eram cruéis também com as mulheres pois, segundo Hillyer, quando queriam uma "esposa" tomavam uma garota pela força, golpeando-a e levando-a pelo cabelo.

Apesar de serem lutadores, esses homens não eram heróis nem corajosos, pois só matavam outros homens e animais se estes fossem mais fracos ou se fosse certa a sua vitória. Eles matavam para não serem mortos e esta era a única lei que imperava.

É possível perceber que os homens primitivos são chamados de "selvagens" por possuírem, em suma, um comportamento diferente dos padrões instituídos para o homem civilizado do século XX. Além disso, Hillyer levanta dois pontos controversos: a possibilidade de uma herança comportamental nesses moldes afetar a sociedade atual, e como a religião, a educação e as leis podem manter a ordem social.

No capítulo seguinte, o autor afirma que o caráter "primitivo" ou "selvagem" foi alterado graças à descoberta dos metais, que possibilitou a eles fazerem coisas até então impossíveis – "coisas" como ornamentos, lâminas, facas, flechas, enfim, uma diversidade de utensílios que os aproximaria da sociedade atual e por isso podem ser chamados de "civilizados".

Constatamos, portanto, que o termo "selvageria", nesse contexto, relaciona-se à falta de regras, de religião e de uma educação que limite certos atos humanos, enquanto a civilização relaciona-se à existência de uma estrutura social reguladora e também de certa estrutura produtiva, material, que podemos entender como tecnológica. Concomitante ao aperfeiçoamento tecnológico ocorreria o aperfeiçoamento do grupo social.

Toda a obra é marcada pela atuação de personagens históricos, sendo exaltados principalmente aqueles que podem servir de "modelo" para o destinatário da obra. Estes personagens são tratados como heróis, e de fato assim são chamados pelo próprio Hillyer no último capítulo, *Yesterday, today, and tomorrow*:

> Agora, nós admiramos e exaltamos heróis como Horácio, Leônidas, Joana D'Arc, General Foch e outros que defenderam seus países contra os ataques do inimigo, como nós admiraríamos um homem que mata um ladrão ou um assassino que ataca sua família à noite.[40] (1924, p.467)

Segundo Hillyer, são "heróis" aqueles que defendem seus países, sua família, sua comunidade. Indiretamente defendem certos valores, certos princípios, certa cultura. Os personagens históricos da obra, imbuídos de tal espírito, contribuiriam para a formação de um cidadão ideal, do ponto de vista de Hillyer: altamente culto, ativo em seu meio social e com certos padrões morais. Podemos perceber que tais padrões são essencialmente cristãos e os valores culturais refletem basicamente o modo de vida ocidental, em especial o europeu.

---

40 "*Now, we admire and praise as heroes Horatius, Leonidas, Joan of Arc, and General Foch and those others who have defended their countries against the attacks of the enemy, as we would admire a man who shoots a burglar or a murderer that attacks his family in the night.*"

A Child's History of the World condensa várias ideias de Hillyer disseminadas por suas obras, a começar pela crença de que o ensino infantil deve direcionar-se do "todo" para o "particular". Nesse contexto, o ensino de história era considerado algo "cultural", diferindo de disciplinas como escrita e aritmética. Ao contrário destas, marcadas pela rigidez do método, o ensino de história deveria também ser prazeroso e instigante. Mas Hillyer acreditava principalmente que o ensino de história era uma forma de despertar o aluno, e neste caso o leitor, para certos princípios morais e culturais, que o levasse a ser "refinado", segundo os padrões da cultura norte-americana.

Além disso, e sobretudo, o processo de aprendizagem só seria efetivado com uma mudança de comportamento. Somente uma mudança de posicionamento demonstraria que algo novo foi assimilado pelo "aprendiz". Assim, o leitor da obra deveria, inspirado por tantos exemplos "heroicos", sempre se interessar pela cultura erudita, por princípios morais cristãos, como justiça e caridade, e sobretudo pelas implicações de uma sociedade civilizada: respeito às leis, à ordem e um interesse reflexivo sobre o progresso.

Os conceitos apresentados até aqui, bem como os valores culturais e morais neles implícitos, podem parecer aos nossos olhos ultrapassados e até ingênuos. Apesar de bastante controversos são, contudo, condizentes e coerentes com a proposta efetuada por Hillyer e estão de acordo com os princípios metodológicos de sua época. Podem nos causar estranheza certos termos ou interpretações preconceituosas e discriminatórias, mas nem por isso nossa leitura deve se restringir à mera apreciação "bom/mau", "certo/errado" dos conceitos analisados. Devemos levar em consideração que os temas tratados são apresentados de determinada ótica superada pelas discussões e renovações metodológicas desenvolvidas no decorrer do século XX.

Ressaltemos ainda o papel que esta obra de Hillyer deve ter desempenhado no contexto da produção de livros didáticos de história em território americano. Segundo Carpenter, em *History of American Schoolbooks* (1963, p.196-212), até o século XIX nos Estados Unidos, a história foi pouco valorizada como disciplina escolar. Quase sempre ficava a critério do professor decidir se os assuntos relacionados a ela deveriam ser tratados em sala de aula.

Carpenter afirma que, no século XIX, os poucos livros de história existentes apresentavam, em sua maioria, uma cronologia que tinha início com a criação do mundo, que era explicada segundo a visão bíblica; por muito tempo tal visão predominou, até ser "superada" pela teoria evolucionista. É curioso, pois em *A Child's History of the World*, apesar de o autor constantemente fazer referências ao cristianismo, firmando a posição de não ateu, logo no início da obra a apresentação da teoria evolucionista rompe com a cronologia tradicional. O evolucionismo era tema bastante controverso no início do século, e ainda hoje suscita certas discordâncias sobre o seu ensino nos Estados Unidos. Hillyer parece ter sido um tanto audacioso em apresentar a criação do universo de forma tão "científica", sem nenhuma alusão à interferência divina, tanto que o CD-ROM da obra, produzido em 1998, traz uma alteração significativa: enquanto na obra original o autor afirma que antes da criação do mundo havia apenas estrelas, o texto do CD-Rom afirma que nesse momento havia não só as estrelas mas também Deus, que as havia criado: *"No world at all! Only the stars, and God, who made the stars"*. O fato leva-nos então a suspeitar de que Hillyer, ao adotar a teoria evolucionista em sua obra, foi inovador e demonstrou estar disposto a apresentar uma visão bem atualizada sobre o assunto.

Segundo Carpenter, na segunda metade do século XIX os livros didáticos de história sofreram modificações significativas em sua forma de apresentação, com textos concisos e formulados de modo mais cuidadoso, se comparados com os livros de história até então publicados. Os textos desses autores, denominados por Carpenter "compiladores", eram totalmente diferentes dos que até então haviam sido produzidos. Com letras que facilitavam a leitura, alguns chegaram a destacar os nomes de personagens e lugares importantes em negrito, para enfatizar os pontos considerados mais importantes pelo autor. Essa forma de apresentação foi gradualmente tornando-se "telegráfica", como ele ressalta, e tornou tais obras semelhantes a um catálogo.

A *Child's History of the World* volta-se para a história mundial, mas faz várias referências à história e a elementos próprios da sociedade e da cultura americana, principalmente na segunda metade da obra, quando o autor refere-se a temas variados como o sistema presidencialista vigente nos Estados Unidos; o processo de unificação das colônias; a influência e importância de certos personagens históricos na história americana, como George Washington e Abraham Lincoln; a prática de certos esportes bem difundidos em território americano, como o basquetebol. Isso nos leva a pensar que o autor almejava certa ponderação, dando-lhe um ar moderado: privilegiar a história mundial, mas sempre que possível fazer referências locais; tratar a disciplina de forma "científica", sem deixar de citar a Bíblia; apresentar a história por intermédio dos mais importantes feitos, questionando e propondo reflexões sobre os valores adjacentes, principalmente do ponto de vista cristão.

Por mais abrangente que possa parecer a proposta da obra, há contudo certas ausências que nos chamam a atenção. Não há, por exemplo, uma única referência à Revolução Russa, e consequentemente sobre o bolchevismo, nem sobre o continente africano, assim como sua cultura ou mesmo a raça negra. Tais "vazios" seriam propositais? Poderíamos entender a ausência como um preconceito por parte do autor ou mesmo do grupo social ao qual pertencia e para o qual se dirigia?

Quanto ao aspecto ideológico da obra de Hillyer, não podemos esquecer o contexto do qual ele fazia parte. Podem nos causar estranheza certos conceitos, valores ou até mesmo "vácuos" propositais na obra, mas não devemos exigir do autor traços além de seu tempo. A sua obra não pode ser avaliada como fato isolado, mas como indicador de determinado contexto sociocultural.

A década de 1920, período em que *A Child's History of the World* veio a público, foi marcada por uma série de mudanças culturais nos Estados Unidos. Segundo Coben (1976, p.270), "americanos de todas as classes presenciaram um ataque cerrado a ideias e valores e a desintegração das relações sociais tradicionais. Em consequência disso, animosidades intensas fizeram-se sentir fortemente durante toda a década".

Um dos primeiros e principais receios da sociedade americana era a expansão do bolchevismo, também conhecido como "pânico vermelho". Outra causa de tensão social nesse período foram as imigrações, que levaram estrangeiros de origens diversas aos Estados Unidos, e as migrações de negros no território americano.

Milhões de estrangeiros de raças frequentemente consideradas inferiores em sua nova terra tinham inundado a maioria das grandes cidades da América antes de 1914, e centenas de milhares de migrantes negros acotovelavam-se com os imigrantes recentes nessas mesmas cidades setentrionais, durante e depois da guerra. O volume das migrações, só por si, teria garantido um movimento racista de alguma força quando a ocupação das cidades se tornou evidente. (ibidem, p.272)

Surgiu também a Ku Klux Klan, segundo Coben (ibidem, p.292), "o mais visível defensor da cultura americana dominante". Este "movimento" teria sido o maior defensor da cultura branca, anglo-saxônica e vitoriana ou, em outras palavras, da supremacia do homem branco e protestante em solo americano. Geradora de controvérsias, a proposta do grupo soava contudo um tanto anacrônica em um mundo pós-Primeira Guerra Mundial, ressalta o autor.

Outros grupos, também preocupados com a manutenção de certa ordem cultural americana, promoveram a "americanização" de estrangeiros em território americano, como a Associação Filhos e Filhas da Revolução Americana. Uma das mais destacadas autoridades em educação no país nesse período, segundo Coben, foi E. P. Cubberly, que, já no começo do século XX, referindo-se aos estrangeiros, afirmou:

A nossa tarefa consiste em decompor seus grupos ou comunidades, assimilar e amalgamar essas pessoas como parte da nossa raça americana, implantar em seus filhos a concepção anglo-saxônica de probidade, virtude, lei e ordem e Governo popular, despertar neles o respeito pelas nossas instituições democráticas e por aquelas coisas, em nossa vida natural, que nós, como um povo, reputamos de valor permanente e indefectível. (apud ibidem, p.297)

Hillyer parecer tender a ressaltar em *A Child's History of the World* alguns desses valores culturais americanos, como a crença em certa superioridade racial e a exaltação de instituições e hábitos americanos ou, ainda, ocidentais. Ele compactua em parte com a história dos Estados Unidos produzida pelos próprios americanos no início do século XX que, como ressalta Ferro (1983, p.263), "é despolitizada, os conflitos são neutralizados. Triunfa uma espécie de populismo anti-intelectualista, hostil à riqueza adquirida [...], e que celebra as virtudes americanas: a família, a boa vizinhança etc.". A história então apresentada seguia um curso relativamente "harmonioso", uma história hoje considerada "sem problemas". Ou seja, como bem salienta Hillyer, no curso histórico pode haver conflitos, mas estes acabam por ser resolvidos. Este é um percurso tradicional, em que a parte narrativa e anedótica desempenha importante papel, estando a narrativa no plano principal da obra. Atualmente as obras didáticas de história nos Estados Unidos apresentam propostas bem diferentes, conforme ressalta Ferro (ibidem, p.279): "O livro didático, de certa maneira, fica com a função de um dicionário: recorre-se a ele para referências, não para argumentação, e quase nunca para uma análise. Eis uma verdadeira revolução no ensino da história".

Outro ponto que distancia esta obra de Hillyer da maioria das obras didáticas contemporâneas de história diz respeito à proposta abrangente e pretensiosa de apresentar uma história "universal". Como já vimos, o tema é bastante polêmico e hoje é evitado por originalmente ter sido a "miragem da Europa", que a dimensionou na medida de sua própria mudança, afirma Ferro. Na obra de Hillyer evidencia-se que os povos não europeus só participaram da história europeia quando esta se ligava, de algum modo, a eles. Desde o homem pré-histórico, passando pelos povos orientais e mesmo latino-americanos, são ressaltados apenas os fatos que de algum modo estão presentes na cultura europeia. A história deles só era História quando se cruzava com a história escrita do ponto de vista europeu. Acompanhando a tendência da chamada "história universal" vislumbramos uma "história ocidental", ou ainda, uma "história europeia".

A Child's History of the World: uma obra criativa

As considerações tecidas não devem, contudo, levar-nos a conclusões precipitadas ou reducionistas sobre *A Child's History of the World*. Seu propósito é acentuadamente didático, como bem aponta o autor na introdução. Portanto, é natural que prepondere um discurso formulado visando ao leitor, no sentido de ele assimilar determinados fatos e conceitos narrados sob a ótica de um narrador. As instâncias narrativas ficcionais presentes, como narrador/narratário, ou os recursos visuais empregados não subvertem a proposta utilitária do texto. O autor utiliza-se de elementos artísticos a fim de obter uma eficácia maior perante o receptor. Ele visa à instrução de seu leitor, que deve assimilar e compreender fatos da história de uma forma agradável e acessível.

Vista por este ângulo, pode ser considerada uma obra original e criativa. Se, por um lado, ela expõe certos pontos de vista que hoje nos parecem discriminatórios, chegando até mesmo a comprometer a compreensão do processo histórico, por outro, foi inovadora para os padrões da época, a começar pelo modo como apresenta os temas abordados, sempre se dirigindo ao leitor, repleta de estratégias visuais, mnemônicas e explicativas. Mesmo a proposta abrangente em apresentar uma história universal não deve ser totalmente desprezada, pois, se hoje isso é criticável, para o contexto norte-americano do período ela era renovadora. Rompendo com a tradição nacionalista e provinciana da maioria dos livros didáticos de história produzidos até então, Hillyer exalta a importância de se conhecer novas culturas e civilizações e tenta apresentar a história de modo amplo e factual.

Considerando a baixa produção editorial na área didática de história, tanto em termos de qualidade como de quantidade, *A Chid's History of the World* desponta de forma admirável. Longe de proferir uma defesa em prol da obra, sejamos justos: levando em conta as limitações da época em que foi escrita, hoje alguns conceitos podem estar ultrapassados e merecem ser revistos sob uma ótica atualizada; nas mesmas condições, contudo, não devemos perder de vista o que ela contém de singular: em prol do leitor, tenta ser sempre acessível, de maneiras bastante diversas e, às vezes, até inusitadas.

2
A TRADUÇÃO DE GODOFREDO RANGEL: PEQUENA HISTÓRIA DO MUNDO PARA CRIANÇAS

Formado em Direito pela Faculdade de Direito do Largo de São Francisco, onde conheceu Monteiro Lobato, Godofredo Rangel (1884-1951) escreveu livros didáticos, alguns contos e romances, e traduziu um grande número de obras. Em uma das muitas cartas enviadas ao amigo, Lobato indica que as traduções chegaram a sessenta volumes em 1941.

Apesar do grande estímulo que Rangel recebeu do escritor, visto que Lobato acreditava em seu potencial literário, sua produção não alcançou o êxito previsto pelo amigo. Ao contrário, enquanto a produção literária lobatiana ascendeu, a de Rangel decaiu. Uma única obra ficou conhecida, o romance *Vida ociosa*, publicado em 1917, na *Revista do Brasil*. Rangel também assina a "adaptação e tradução" (que se lê na página de rosto) de *A Child's History of the World*, que recebeu o título *Pequena história do mundo para crianças*. Em 1967, na 6ª edição, os direitos para a língua portuguesa foram adquiridos pela Companhia Editora Nacional, que se encarregou da publicação.[1] Na capa consta apenas o título traduzido da obra norte-americana, mas

---

1 Não conseguimos localizar o ano da 1ª edição da obra, apesar de vasta pesquisa. Mesmo não sendo o ideal, achamos melhor efetuar a análise com a edição encontrada, em vez de simplesmente não efetuá-la.

não o nome do autor. Na página de rosto, as ilustrações são creditadas a J. U. Campos; porém, nem todas o são, pois algumas são oriundas de *A Child's History of the World*. O índice dessa edição segue a ordem original do livro de Hillyer, sem acréscimos nem supressão de nenhum capítulo; a sequência de apresentação é a mesma, com alteração apenas na tradução de alguns títulos, que são mais explicativos.

Apesar de não constar o prefácio de *A Child's History of the World*, é notório que a tradução de Rangel acompanha os mesmos objetivos propostos por Hillyer: volta-se para a apresentação dos grandes eventos e grandes nomes da História e dos dados pertinentes a tais fatos (quem, quando, onde e por que); apesar da ausência da escadaria do tempo e da tabela do tempo, são indicadas ao leitor todas as associações e repetições na obra de Hillyer que podem levá-lo a memorizar alguns desses dados.

A preocupação com a linguagem, que deveria resultar em uma obra agradável e acessível para leitores iniciantes nesta área, foi seguida em parte. A estrutura didática de *A Child's History of the World* foi mantida, entre outras coisas, graças a uma linguagem que tenta reproduzir uma possível relação entre professor e aluno em sala de aula. Assim, os relatos na primeira pessoa do singular na obra norte--americana foram todos transcritos na *Pequena história do mundo para crianças*. Passagens marcadas pelo pronome *you*, que provocam uma referência ao leitor de modo familiar, estão igualmente presentes na tradução brasileira e visam, assim como em *A Child's History of the World*, promover maior interação do leitor com o texto. Todavia, foram acrescidos às passagens termos como "leitorzinho" e "amiguinho" que não constam do original:

> Você, *leitorzinho*, deve estar admirado de eu saber tão bem estas coisas... (Hillyer, 1967, p.12)
> Há tempos existiu um homem chamado Heleno. *Meu leitorzinho* não acha extravagante um homem ter esse nome? (ibidem, p.39)
> Veja, *meu caro amiguinho*, que consegui arranjar boas desculpas para o procedimento dos primeiros romanos. (ibidem, p.63)

Essas expressões são introduzidas por Rangel nas partes em que originalmente o autor volta-se para o leitor apenas usando o pronome *you*. Pela alteração parece querer aproximar-se do leitor tratando-o de forma relativamente "afetiva", mas acaba, de certa forma, por descaracterizar o texto original, já que ele é construído de modo que alcance o leitor infantil sem contudo tratá-lo de forma tão "condescendente". Como bem ressalta Martins (1972, p.93), o emprego de termos diminutivos em geral implica a preponderância de uma linguagem afetiva. O emprego de tais sufixos indica ainda que o autor não está interessado em comunicar ideias ou reflexões profundas, mas quer exprimir, de forma espontânea e impulsiva, o que sente, o que o comove ou impressiona. O sufixo diminutivo pode amenizar a objetividade e sobriedade da linguagem, tornando-a mais flexível e amável, mas por vezes mais vaga. O uso do recurso justifica-se em alguns casos, mas nesta tradução sua presença torna-se excessiva e desnecessária, delegando ao texto traduzido pieguismo e certa melosidade ausentes no texto norte-americano.

Percebemos na tradução algumas tentativas para tornar o texto bastante interessante e acessível ao leitor, como certos termos e expressões comuns, quase "populares", que atuam no lugar de outros possíveis sinônimos. É o caso da expressão "velhaquear", que substitui o verbo *to cheat* (trair, enganar) nestas passagens:

> *These gods were not always good, but often quarreled and* cheated *and did even worse things.* (Hillyer, 1924, p.57)
> Seus deuses nem sempre eram bons – muitas vezes *velhaqueavam* e brigavam com os outros... (idem, 1967, p.40)

> *Any one who* cheated *would have been put out...* (idem, 1924, p.86)
> Se alguém usava de *velhacada* era expulso de campo... (idem, 1967, p.59)

Nestes dois casos a expressão *to cheat* poderia ser traduzida por "trapacear, enganar", mas o uso de "velhaquear" delega ao texto certa singularidade, já que a expressão é própria da época, assim como "fanfarrões" e "fanfarronar", presentes nestas passagens:

> He didn't brag if he won. (idem, 1924, p.86)
> Se ganhavam, não ficavam *fanfarrões*. (idem, 1967, p.59)

> They thought Caesar would not dare to do what he said. (idem, 1924, p.185)
> [...] convencidos que estavam de que César apenas *"fanfarronara"* [...] (idem, 1967, p.117)

No capítulo 8, encontramos a expressão "tempo quente" no lugar de "*and the fight is on*":

> One boy sticks out his tongue, the other gives him a kick, and the fight is on. (idem, 1924, p.170)
> Basta um menino mostrar a língua a outro, para este responder com um pontapé e deste modo começa um *"tempo quente"*. (idem, 1967, p.108)

Por fim, "*a chip of the old block*" é traduzida por "embira do mesmo pau":

> Charles was "a chip of the old block". (idem, 1924, p.390)
> Carlos era filho do rei Jaime — e era *embira do mesmo pau*, como se costuma dizer. (idem, 1967, p.237)

Provavelmente a fim de agradar ao público brasileiro, Rangel achou conveniente proceder a essa alteração, fato bastante aceitável em um trabalho de tradução, pois a transposição textual de uma língua para outra visa a um novo público-alvo e requer novas alternativas linguísticas. Entretanto, nesse processo podem ocorrer transposições não sempre acertadas.

É o que ocorre quando Rangel traduz certos nomes e expressões, alguns inclusive criados pelo próprio Hillyer. Os grunhidos expressos pelos homens primitivos para se "comunicar", por exemplo, na obra original são: "*Umfa, umfa, glug, glug*". Na tradução eles são transformados em *"Um! Um!"*; *"Ur! Ur!"*. O nome original sugerido para um menino ou menina da Idade da Pedra é *"Itchy-Scratchy"*, que Rangel traduz por *"Ru-rum* ou *Vin-vin"*. No decorrer do livro, outros nomes, de personagens históricos e origens diversas, são igualmente traduzidos. Apresentamos a seguir alguns exemplos, com os nomes da obra original acompanhados da tradução de Rangel:

Título original	Traduzido para
Elizabeth, filha do rei Henrique VIII	*Isabel*
Oliver Cromwell	*Oliveiros Cromwell*
George Washington	*Jorge Washington*
Thomas Edison	*Tomás Alva Edison*

A tentativa de "aportuguesamento" de nomes estrangeiros não se justifica. A permanência dos termos presentes na obra norte-americana não dificultaria a compreensão do texto por parte do leitor brasileiro e contribuiria ainda para a fidelidade histórica.

Em outras passagens notamos a introdução de termos e comentários ou certas recriações que se distanciam do perfil de *A Child's History of the World*. Por exemplo, quando se refere à intenção de Dario, imperador persa, de conquistar a região da Grécia, o texto insinua certo desdém pelo personagem que não encontramos na obra de Hillyer. No texto original lê-se:

> So Darius said to himself, "I must have this piece of land called Greece to complete my empire." [...] Darius said, "I must punish these Greeks for what they have done end then just add their country to mine." (Hillyer, 1924, p.125)

Já na tradução de Rangel encontramos esta passagem correspondente:

> Dario notou que já era rei de uma grande parte do mundo. "Que pena não me pertencer este paisinho insignificante que é a Grécia!" pensou ele, certamente. E resolveu-se: "Preciso tomar aquela terrinha chamada Grécia para completar meu império". (idem, 1967, p.83)

Talvez, ao usar as expressões *paisinho* e *terrinha*, Rangel pretendesse salientar o pequeno território que constituía a Grécia. Ainda assim, a alteração é sensível e a tradução acaba por destoar do texto norte-americano.

Em outra passagem interessante, referindo-se àqueles que ainda insistem em não acreditar que a Terra é redonda, Hillyer chama-os de *crancks* – excêntricos – na obra original (Hillyer, 1924, p.353). Já Rangel é mais "incisivo": "e até hoje existe quem afirme que é chata, mas os que assim pensam não passam de uns grandes ignorantes" (idem, 1967, p.217).

Outros comentários de autoria exclusiva do tradutor demonstram certo ceticismo em relação a algumas crenças e hábitos populares. No capítulo 19, por exemplo, ao comentar a tradição do povo grego de consultar o Oráculo de Delfos para conhecer o futuro, ele acrescenta: "assim como hoje fazem os tolos que consultam cartomantes ou mandam as ciganas ler-lhes a sorte nas mãos" (idem, 1967, p.71).

Comentário semelhante também ocorre ao tratar de episódio envolvendo os espartanos em guerra com os persas, que se recusaram a partir prontamente para ajudar Atenas, quando foram requisitados, por alegarem que não era lua cheia e isto poderia dar-lhes azar. O tradutor acrescenta: "Que supersticiosos! mas até hoje existe gente assim, que acredita, por exemplo, que não se deve viajar em sexta-feira" (idem, 1967, p.85).

Em outro trecho Rangel "elucida" uma frase não explicada no original e acrescenta outra, para esta sim ser esclarecida pelo leitor:

> A respeito de Napoleão há na língua inglesa uma frase que tanto se pode ler de diante para trás como de trás para diante:
> ABLE WAS I ERE I SAW ELBA
> o que quer dizer, ao pé da letra: "Capaz de lutar era eu antes que eu visse Elba".
> Já que estamos falando de frases invertidas, tome nota, leitorzinho, da seguinte, e peça ao seu professor de francês que a explique:
> N'A-T-ELLE PAS OTÉ CET OS Á PELLETAN? (idem, 1967, p.263)

Essas passagens deixam evidente que o tradutor pôde intervir e alterar o estilo do texto, de acordo com sua vontade. Neste caso, todavia, elas não distorcem o sentido. O conteúdo permanece, mas, em parte, a forma de apresentação fica comprometida.

O texto original caracteriza-se por uma composição gráfica bastante criativa, graças aos títulos e às ilustrações. Infelizmente, isso, ou seja, a abundância de detalhes visuais presentes na obra de Hillyer, não se dá na tradução brasileira. A única composição gráfica em *A Child's History of the World* transposta para o texto de Rangel refere-se à criação do mundo, em que cada elemento envolvido no processo assemelha-se ao lance de uma escada:

Seguem abaixo os degraus da evolução das coisas. Grave-os bem na sua memória!
Estrela, Sol;
Sol, Faísca;
Faísca, Mundo;
Mundo, Vapores;
Vapores, Chuva;
Chuva, Oceanos; [...] (idem, 1967, p.12)

Muitos outros recursos visuais, presentes na obra norte-americana, não fazem parte da tradução na *Pequena história do mundo para crianças*. Outro artifício também não explorado por Rangel foram os títulos dos capítulos. Para Hillyer, os títulos, assim como algumas das ilustrações, não são concebidos apenas como complementos ou orientadores do texto apresentado. Mais do que isso, eles contribuem para despertar o interesse do leitor endossando o caráter criativo da obra. Vejamos alguns exemplos dessa perda criativa, comparando alguns títulos da obra norte-americana com as respectivas traduções de Rangel:

capítulo 2	*Umfa-Umfa and Itchy-Scratchy*	Os primeiros homens
capítulo 3	*Fire!Fire!!Fire!!!*	Descoberta do fogo
capítulo 19	*A surprise party*	Boa peça pregada aos babilônios

capítulo 35	Thine is the kingdom, the power, and the glory	tradução: Jesus
capítulo 38	I_H_S___V___	In hoc signo vinces
capítulo 39	Our tough ancestors	Surgem os bárbaros brancos
capítulo 54	John, whom nobody loved	O rei João sem Terra
capítulo 57	Thelon Gest wart hate verwas	A guerra mais comprida do mundo
capítulo 72	Upside down (escrito de forma invertida)	A revolução francesa
capítulo 78	Germany fights the world	O maior e pior

A tradução brasileira apresenta títulos que explicitam para o leitor o tema a ser apresentado. Eles primam pela objetividade e demonstram que o tradutor privilegia uma indicação direta nessas situações.

Já a parte ilustrativa é prejudicada pela ausência da figura descrita no capítulo 1 deste livro, que assinala algumas datas e elementos significativos acerca dos fatos históricos apresentados ao longo do texto original. Não a vemos em nenhum momento no texto de Rangel, que só apresenta as ilustrações tradicionalmente encontradas em livros de história: mapas, objetos diversos e, principalmente, personagens históricos citados no texto.

As alterações gráficas contribuem de modo significativo para o caráter informativo, levado ao extremo, na tradução de Rangel. São também responsáveis pela falta de momentos lúdicos, criativos, fartamente encontrados em A Child's History of the World. A tradução brasileira não mostra o mesmo cuidado com a forma, com a articulação de elementos variados como ilustrações, títulos e outras estratégias criadas por Hillyer, que dão a seu texto certa peculiaridade.

Rangel despreza ainda características bastante interessantes da obra criada por Hillyer, e sua tradução justifica o alerta e confirma as críticas feitas por Monteiro Lobato. Elas são enviadas ao amigo em cartas em que o incentivava a traduzir, mas chamava sua atenção para a linguagem a ser usada em tal empreitada. A recomendação era para que "desliteraturalizasse" a língua e abolisse as complicações estilísticas da linguagem formal. Parece que Rangel não seguiu o conselho do amigo, que chegou a criticá-lo por não se dirigir com a clareza necessária ao público infantil.[2]

A "desobediência" confirma-se na tradução de Rangel de *A Child's History of the World*. Faltam ao texto a clareza à qual se referia Lobato e a simplicidade necessárias para torná-lo favoravelmente acessível ao leitor infantil brasileiro. Não foi suficiente apenas acrescentar novos dados tendo em vista o contexto diferenciado para o qual o livro se dirigia. A "língua desliteraturizada", como salientava Lobato em expressão criada por ele, também era fator importante a ser observado em uma tarefa como esta, para a qual Rangel deveria estar mais atento. As alterações promovidas por ele na tradução em relação à linguagem demonstram que não acompanhou, como deveria, a criatividade harmoniosa presente na obra norte-americana. Parece-nos estar mais preocupado em aproveitar o conteúdo apresentado por ela, guiando-se pela visão histórica adotada por Hillyer, e não se importar tanto em fazê-lo inspirando-se na estrutura singular criada por aquele autor.

Apesar de pretender apresentar fatos relativos à chamada história geral ou mundial, Hillyer não deixou de fazer referências à história e ao contexto sociocultural norte-americano ao escrever *A Child's History of the World*. Encontramos assim várias passagens que tratam de personagens históricos relevantes para a sociedade norte-americana, como George Washington e Lincoln, assim como são citadas práticas esportivas bastante disseminadas entre ela, como o beisebol e o futebol.

Referências à realidade do leitor norte-americano parecem assim ser um ponto relevante na obra de Hillyer. Atento a isso, Rangel faz certas referências à história e à realidade do Brasil de tal modo que a *Pequena história do mundo para crianças* volte-se especificamente para o leitor brasileiro. No capítulo 2, por exemplo, além dos rastos de sapatos na neve citados no original como indícios que nos levam a determinado raciocínio, Rangel acrescenta: "Se vejo rastos de sapato na neve ou na poeira do chão" (idem, 1967, p.13). Para um leitor brasileiro é muito mais fácil imaginar a segunda hipótese do que a

---

2 Carta de 19 de dezembro de 1945 enviada por Monteiro Lobato a Godofredo Rangel.

primeira. Outras passagens fazem referência a acontecimentos da história do Brasil, que ajudam a esclarecer o que está sendo exposto. Quando no início do capítulo 5 Hillyer sugere que o avô do leitor possa contar fatos do passado, Rangel acrescenta este exemplo: "Talvez que seu bisavô tenha conhecido D. Pedro II, que foi imperador do Brasil" (ibidem, p.21).

Já no capítulo 77, ao tratar da invenção da locomotiva, Hillyer lembra que as primeiras viagens feitas nos Estados Unidos eram curtas, por exemplo, entre as cidades de Baltimore e Filadélfia. Rangel oferece outros dados para seu leitor sobre o mesmo meio de transporte, de acordo com o contexto brasileiro: "No Brasil a primeira estrada de ferro, que foi também a primeira da América do Sul, foi inaugurada em abril de 1854. Era só de 17 quilômetros, e ligava a baía do Rio de Janeiro, em Mauá, a Estrela, na raiz da Serra. Ela foi construída por iniciativa do Visconde de Mauá" (ibidem, p.276).

O episódio que marcou a Independência do Brasil também é lembrado pelo tradutor, que chega a compará-la ao processo de independência norte-americana:

> A Independência do Brasil ocorreu muitos anos mais tarde, a 7 de setembro de 1822 – e, ao contrário do que sucedera aos norte-americanos, Portugal, a quem o Brasil pertencia, não opôs quase resistência.
> Ela resultou da iniciativa do príncipe herdeiro da coroa portuguesa, depois nosso imperador D. Pedro I, que concretizou a aspiração de todos os brasileiros, que não podiam mais tolerar sua situação de colonos. (ibidem, p.255)

Outras passagens fazem referência a esportes que são mais praticados no Brasil, em substituição a alguns tipicamente norte-americanos citados em *A Child's History of the World*, como o futebol americano (diferente do futebol praticado no Brasil que, em inglês, é conhecido por *soccer*) e o beisebol. Em seu lugar, Rangel refere-se a futebol e tênis (ibidem, p.58 e p.177).

No capítulo 8, no original, as tâmaras consumidas pelos babilônios são comparadas, pelo uso bastante frequente, à aveia, enquanto a tradução de Rangel cita o "arroz e feijão", alimento de agrado nacional. Cidades brasileiras também tomam o lugar da citação de cidades americanas.

No capítulo 38, ao tratar da terminação grega "pólis", Rangel deixa de citar as cidades norte-americanas Annapolis e Indianapolis e afirma: "No Brasil temos Florianópolis, Petrópolis, Silvianópolis, Anápolis e muitas outras cidades com a mesma terminação" (ibidem, p.137).

Referências literárias também sofrem alterações na tradução brasileira. No início do capítulo 59, por exemplo, Hillyer dirige-se ao leitor perguntando qual o livro de histórias de que ele mais gosta, se *Alice in Wonderland* ou *Gulliver's Travels*. Na adaptação de Rangel os livros citados são outros:

> Qual o livro de histórias de que você mais gosta?
> Dos *Contos da Carochinha*?
> Das *Aventuras do Barão de Münchausen*? (ibidem, p.207)

Como Lajolo e Zilberman (1985) assinalam em *Literatura infantil brasileira – história & histórias*, os dois livros citados por Rangel foram publicados no fim do século XIX e traduzidos, respectivamente, por Carlos Jansen (1891) e Figueiredo Pimentel (1894). O livro *Viagens de Gulliver* também já havia sido já traduzido por Jansen e circulava desde 1888. Não encontramos nenhuma informação sobre a possibilidade de o livro não ter sido bem recebido pelo público leitor, portanto não temos uma explicação que justifique tal troca.

Rangel não acrescentou apenas fatos relacionados à realidade brasileira. Em determinados momentos ele também faz referências a ocorrências externas ao Brasil. No último capítulo, por exemplo, ele omite um acontecimento que afetou a sociedade norte-americana – a proibição de consumo de bebidas alcoólicas, durante a Lei Seca – para citar dois outros acontecimentos de alcance mundial, sendo que um deles ocorreu posteriormente à publicação de *A Child's History of the World*:

A U.R.S.S. reconhecida

Só agora foi reconhecida pelo nosso país a nova Rússia surgida da revolução de 1917 com o nome de União das Repúblicas Socialistas Soviéticas. (Hillyer, 1967, p.282)

Hitler torna-se ditador

Adolph Hitler, veterano da guerra mundial, rapidamente atingiu a autoridade suprema na Alemanha, tornando-se o chefe dessa nação. (ibidem, p.282)

Assim como esta última nota, outros acréscimos só foram possíveis em razão do tempo decorrido da publicação da obra norte-americana e a tradução brasileira. Nota-se que tais passagens dizem respeito principalmente a fatos políticos. No fim do capítulo 12, por exemplo, depois de relatar a dispersão do povo judeu mundo afora, há uma nota de rodapé: "(*) Em 1948 foi proclamada a República de Israel, tendo como capital Jerusalém" (ibidem, p.52).

Outro acontecimento não citado na obra original que até hoje gera consequências que abalam o mundo todo diz respeito ao desmembramento da Áustria, ocorrido no fim do século XIX:

> A grande Áustria se converteu numa pequena Áustria, porque todas as terras e povos que não eram da raça austríaca lhe foram retirados, formando nações independentes. A pequena Sérvia desapareceu completamente, surgindo em seu lugar um novo país – a Iugoslávia. (ibidem, p.281)

Fica evidente a preocupação do tradutor em apresentar um texto mais aproximado da realidade vivenciada pelo leitor brasileiro. Também percebemos a preocupação em atualizá-lo, fazendo referências a fatos históricos posteriores à publicação da obra traduzida. O que demonstra que Rangel se empenhou, em parte, em seguir a sugestão de Hillyer ao propor a produção de um texto que despertasse a atenção do leitor. Conforme vimos, para ele, tratar do passado não implicava apenas relatar fatos já ocorridos; seria interessante e importante relacionar tais fatos com o presente e com a realidade vivida pelo leitor, a fim de que este pudesse compreender melhor a dinâmica histórica.

O conceito de história

O texto de Hillyer estrutura-se de modo que desperte o interesse do leitor para o assunto, mas também o conduz em uma direção determinada. Como é uma obra didática, seu objetivo é não deixar dúvidas quanto aos assuntos e conceitos introduzidos. Nesse ponto, a tradução de Rangel é fiel à obra norte-americana: ela conduz o leitor a uma visão histórica, compactuando com *A Child's History of the World* sobre os conceitos por ela difundidos.

A interpretação de Hillyer dos fatos históricos apresentados permanece; eles seguem a ótica da obra original, que tende para o historicismo e o positivismo, conforme vimos anteriormente. Também o "paradigma" tradicional da história, prescrito por Burke, continua presente: a história exposta concentra-se assim, sobretudo, nos fatos políticos, nos grandes personagens históricos, segundo provavelmente a perspectiva dos documentos oficiais, e almeja ser o mais objetiva possível.

Uma diferenciação entre os dois textos refere-se ao acréscimo do adjetivo "pequena" ao título da obra em português, pretensioso no original ao anunciar o relato de uma história mundial. Ao fazê-lo, Rangel delega à primeira apresentação de sua tradução uma impressão mais próxima do que realmente tem condições de fazer, já antecipando seu caráter preliminar.

A visão europeizante permanece, assim como alguns pontos da ideologia do século XIX, marcada pela crença na superioridade racial dos brancos, da cultura ocidental e em especial europeia, que originou uma visão eurocêntrica e progressista da história. É importante ressaltar que o conceito de civilização, relacionado na obra de Hillyer com a existência da religião, de leis e de certa tecnologia, também prevalece na tradução. Rangel, inclusive, assim como Hillyer, dirige-se várias vezes a seu leitor supondo que este seja cristão, aproximando significativamente o destinatário de seu texto do destinatário do texto de Hillyer. Ambos são brancos, cristãos e devem pertencer a uma sociedade que já vivencia certo progresso, como demonstram estas passagens no texto de Rangel:

Não sabemos como, nem quando, nem onde viviam a princípio os homens de cor escura. Acreditamos que houve três diferentes famílias de brancos, e que foi dessas três famílias que todos os brancos descenderam. Sim, os seus antiquíssimos avós, leitorzinho branco, eram homens daquelas terras. [...] (ibidem, p.20)

Os egípcios não adoravam um só deus como nós. (ibidem, p.27)

Quando desceu para se encontrar com seus companheiros, levava consigo as tábuas dos Dez Mandamentos, os mesmos Dez Mandamentos que você aprendeu na aula de catecismo. (ibidem, p.38)

Os gregos não acreditavam num só Deus, como nós e os judeus [...] (ibidem, p.40)

Imagine, leitorzinho, se os árabes tivessem conquistado a Europa e acabado com os cristãos, obrigando todos a ser maometanos – imagine o que seria o mundo hoje, só com maometanos e sem cristãos! (ibidem, p.161)

Quantas vezes você, leitorzinho, costuma ir à igreja?
Talvez que uma só vez por semana, aos domingos? (ibidem, p.189)

Marconi, um italiano, inventou o rádio e outros homens fizeram outras admiráveis invenções, como a televisão, que permite ver outras pessoas a centenas de quilômetros de distância, e a fotografia colorida, que dá imagens mais fiéis do que as habituais fotografias em branco e preto. (ibidem, p.278 – não há esta passagem no original de Hillyer)

Como vemos, o leitor almejado por Rangel é explicitado no decorrer do livro: ele deve ser branco, cristão e estar inserido em um grupo social que desfruta de certo progresso e é controlado por leis. Como no texto de Hillyer, a tradução é marcada por uma divisão temporal tradicional que delegou à Idade Média uma conotação negativa, como já vimos, e pela atuação de personagens históricos exemplares, que confirmam os valores culturais já elencados.

Concluímos, pois, que Rangel substituiu apenas alguns elementos de *A Child's History of the World* e alterou outros trechos para facilitar a compreensão do texto pelo leitor brasileiro. Pode ter acertado ao fazê-lo, pois recriou a obra norte-americana tendo em vista um novo contexto, mas também a mutilou ao omitir prefácio, introdução, muitas ilustrações originais e ao não tentar manter a mesma originalidade de certos títulos e passagens do livro de Hillyer.

Quando concluímos a leitura da tradução de Rangel temos a sensação de "empobrecimento" e lamentamos a falta de criatividade e dos momentos surpreendentes que marcam a obra norte-americana. Rangel parece estar mais preocupado em fazer que sua tradução seja unicamente informativa, "despejando" em seus leitores um grande número de dados, sem atentar para a possibilidade de oferecer isso de forma lúdica e criativa, como fez Hillyer em *A Child's History of the World*.

Pequena história do mundo para crianças: uma obra informativa

Esses exemplos constituem uma pequena amostra da maneira como Rangel efetuou o que concebeu como uma "adaptação e tradução" da obra de Hillyer. Assim como o autor norte-americano, ele se empenhou em apresentar uma obra didática introdutória sobre história para o público infantil brasileiro. Entretanto, Hillyer também fez questão de apresentar o desenrolar histórico de forma acessível e interessante para seu leitor. Infelizmente, Rangel não teve o mesmo cuidado e sua tradução não apresenta a criatividade da obra original.

De fato, o processo de tradução é algo bastante complexo, como bem nos alerta Haroldo de Campos (1967, p.21-38). Ao tratar da dificuldade em separar, nesse processo, o signo de seu significado, ele propõe o que chama de tradução criativa, também definida como "recriação" ou "transcriação" de um texto original. O entrave, pois, de toda tradução não seria apenas o conteúdo do texto a ser traduzido, mas, sobretudo, os signos que o compõem, sua "materialidade", como ele designa.

Ora, apesar de a obra de Hillyer não ser "complexa" ou "profunda", como os textos que Campos cita em seu artigo (*Odisseia*, de Homero; *Finnegans Wake*, de Joyce), ela contém certas passagens inesperadas, que fogem do convencional, daquilo que é em geral encontrado em um livro de sua natureza. Elas exigem do tradutor certa dose de criatividade, para que consiga reconstruí-las de tal forma que preserve, em sua língua, os destaques sonoros e visuais presentes no texto original. Como vimos, Rangel não foi capaz dessa empreitada. Ele se preocupou sobremaneira, senão apenas, com a parte informativa da obra norte-americana, e praticamente ignorou sua forma criativa. Prejudicou, assim, os caminhos percorridos pelo leitor para alcançar os objetivos traçados pelo livro de Hillyer. A tradução rangeliana trata-o de uma forma melosa e monótona, sem despertar seu interesse ou surpreendê-lo como poderia.

Se atualmente podemos fazer alguma objeção à parte do conteúdo apresentado por *A Child's history of the World*, também devemos reconhecer a criatividade nela impressa, graças essencialmente às estratégias utilizadas, sobretudo as visuais, fato que infelizmente não se manteve na tradução de Godofredo Rangel, comprometendo a eficácia didática dessa recriação brasileira.

3
A TRADUÇÃO DE MONTEIRO LOBATO:
HISTÓRIA DO MUNDO PARA AS CRIANÇAS

Além de por Godofredo Rangel, no Brasil *A Child's History of the World* foi também traduzida e adaptada por Monteiro Lobato e intitulada *História do mundo para as crianças*. A primeira edição é de 1933, publicada pela Companhia Editora Nacional. A obra fez parte da coleção Biblioteca Pedagógica Brasileira – Literatura Infantil, série 1ª, dirigida por Fernando de Azevedo. Encontramos em edições posteriores a relação das outras obras que faziam parte da coleção, sendo a maioria delas traduções de Monteiro Lobato.[1] Na página de rosto da primeira edição encontramos também as seguintes informações: "Adaptado de V. M. Hillyer/Ilustrações de J. U. Campos". Porém, assim como na obra de Godofredo Rangel, as ilustrações de J. U. Campos são na verdade acréscimos ao conjunto de ilustrações de *A Child's History of the World*.

O índice do livro encontra-se no final e apresenta algumas alterações: dois capítulos do original foram suprimidos (capítulos 53, *Bibles made of stone and glass* e 66, *James the servant; or, what's in a name?*) e o 75 (*The daily papers of 1854-1865*) foi desmembrado em dois, resultando nos capítulos 73 e 74 da tradução de Monteiro Lobato. Também como em Godofredo Rangel, a tradução não apresenta o

---

[1] Anexo C – Relação da coleção "Biblioteca Pedagógica Brasileira".

prefácio, a introdução, a escadaria do tempo e a tabela do tempo. Isso significa que os objetivos e métodos adotados por Hillyer em sua obra não são igualmente apresentados ao leitor brasileiro por Monteiro Lobato. Porém, como veremos, as alterações promovidas pelo escritor brasileiro foram maiores e mais significativas do que as encontradas na tradução de Godofredo Rangel.

Como já vimos, V. M. Hillyer apresenta na introdução do livro os objetivos que deverão ser por ele explorados. Sucintamente, vamos relembrá-los: estender os horizontes de seu leitor, familiarizando-o com os "grandes eventos e grandes nomes" da História; localizar tais dados no tempo e no espaço; proporcionar a memorização desse conjunto de dados (quando, onde, como e por que ocorreram) mediante certos dispositivos de memorização e algumas repetições; produzir sobretudo uma obra compreensível e agradável para o público ao qual se dirigia, mediante uma linguagem cuidadosamente elaborada. Devemos lembrar ainda que a obra foi produzida após longo processo de observação e vasta prática pedagógica por parte de Hillyer como *educador*. O livro foi concebido com fins didáticos e sua estrutura logicamente volta-se sobretudo para esse fim.

A tradução de Lobato não apresenta claramente quais os objetivos que pretende atingir, como ocorre na obra de Hillyer. Podemos notar no decorrer de sua leitura que em parte Lobato compartilha com Hillyer o interesse em apresentar certos eventos e personagens históricos, aqueles em geral considerados "grandiosos". Mesmo assim, o volume de informações fornecido por *História do mundo para as crianças* é inferior ao de a *A Child's History of the World*, e em alguns momentos notamos que alguns fatos são sutilmente "desmistificados", "ironizados", sobretudo por comentários da personagem Emília. Por fim, temos a impressão de que a obra lobatiana não se restringe apenas a narrar fatos em abundância, mas tende a suscitar, sempre que possível, uma discussão/reação entre as personagens lobatianas sobre o que está sendo narrado para, consequentemente, levar o leitor à reflexão, em especial no que se refere à justiça e à violência praticadas pela sociedade humana.

Estratégias textuais da tradução lobatiana

Analisando a obra de Hillyer pudemos destacar algumas estratégias priorizadas por ele para alcançar os objetivos nela traçados: cuidado com a linguagem empregada, certas estratégias de memorização, associações diversificadas a fim de facilitar a compreensão do tema abordado e uma composição gráfica singular, alcançada pela exploração visual das palavras e apresentação de títulos e ilustrações de forma inusitada.

Das estratégias elencadas, apenas o cuidado com a linguagem foi partilhado por Lobato, que mesmo assim não seguiu rigidamente os preceitos de Hillyer, já que este se preocupava com a clareza da linguagem para não causar certos equívocos e estruturar o texto de modo que simulasse uma situação díade – e tradicional – entre professor e aluno. Se na obra de Hillyer o leitor interage com ela por identificar-se imediatamente com as situações expressas pelo narrador (relatos na primeira pessoa do singular) e graças aos momentos em que este se dirige explicitamente a ele, no texto de Lobato tal interação decorre sobretudo da possível identificação com as reações e os comentários proferidos pelas personagens lobatianas envolvidas na narrativa.

Estruturada de modo similar a outras obras lobatianas como *Fábulas* (1922), *As aventuras de Hans Staden* (1927), *Peter Pan* (1930), *Geografia de D. Benta* (1935) e *História das invenções* (1935), em *História do mundo para as crianças* a personagem Dona Benta incumbe-se de narrar os fatos históricos para as demais personagens lobatianas, que participam da narrativa como ouvintes e comentaristas. Ela deixa assim de ser apenas personagem para tornar-se narrador de parte do livro.

Como nesse espaço fictício há receptores fictícios, as personagens lobatianas escutarão e comentarão o que será narrado, elas podem ser consideradas *narratários*. Segundo acepção apresentada por Reis (1988, p.63), "narratários são entidades fictícias, 'seres de papel' com existência puramente textual, dependendo diretamente de outro 'ser de papel'[...], o narrador que se lhe dirige de forma expressa ou tácita". No caso do texto de Hillyer e Rangel, como vimos, os narratários não são apresentados como personagens. Eles existem apenas como presença linguística, como marcas textuais, ressaltando a função conativa das obras. Já na obra lobatiana eles são apresentados como personagens, e dinamizam ainda mais a narrativa.

No caso específico, além do narrador heterodiegético, a personagem Dona Benta também atua como narradora, como condutora da narração em determinados momentos.[2] Entretanto, não é a única personagem a fazê-lo. Quando outras personagens, como Pedrinho, Narizinho e Emília, intervêm na narrativa, comentando o assunto abordado ou relacionando-os com outras situações, elas assumem momentaneamente a direção da narração e deixam de ser meramente ouvintes (situação passiva) para serem também narradores (situação ativa). Uma estrutura circular, envolvendo as personagens lobatianas, configura-se, constituindo um esquema que se aproxima de um rodízio: ora Dona Benta é narradora, ora é ouvinte das outras personagens, sendo a mesma situação vivenciada pelas demais personagens.

Propomos uma definição para tais personagens, específica e de acordo com sua atuação singular em *História do mundo para as crianças*: como Dona Benta é apresentada mais como narradora do que como ouvinte/comentarista, nos referiremos a ela como "narradora-narratário"; já Pedrinho, Narizinho e Emília podem ser considerados "narratários-narradores", pois sua atuação centraliza-se mais como ouvintes e comentaristas. O uso do discurso direto marca o papel assumido por cada personagem quando passa a ser o narrador, em lugar de narratário. Podemos representar essa situação do seguinte modo:

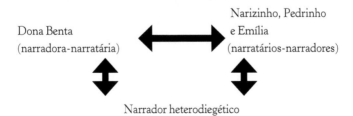

---

2 Segundo Genette (apud Reis; Lopes; 1988, p.121), narrador heterodiegético é aquele que relata uma história à qual é estranho, pois "não integra nem integrou, como personagem, o universo diegético em questão".

No momento em que Dona Benta cede a voz para outra personagem, a narrativa é conduzida por outrem e, portanto, o leitor tem sua atenção voltada para outro ponto de vista – que até pode ser o seu, pois, segundo Flory (1994, p.59), o discurso dialógico pressupõe a "antecipação do discurso de um outro no próprio discurso do narrador, como se na própria fala deste estivesse encravada a réplica do leitor".

Podemos nesse caso considerar o narratário o leitor implícito, conforme definição de Iser (1996): o leitor previsto pelas estratégias textuais e que acaba por representar o destinatário delas.

Além do dialogismo, o texto lobatiano também é marcado pela polifonia, já que em seu interior encontramos muitas e diferentes vozes. Esta multiplicidade de vozes, por sua vez, representa uma multiplicidade de consciências. As personagens coexistem e interagem, mediante um diálogo muito especial, que envolve consciências diversas e diferentes entre si. A relação entre as personagens baseia-se em uma interação mútua; o resultado final é que a narrativa é conduzida graças à participação de todos.

A constatação dessa estrutura singular é importante para entendermos como os elementos fictícios que dela fazem parte se aliam a outras estratégias presentes em *História do mundo para as crianças*. Só após a apresentação das particularidades da obra lobatiana poderemos apreender em que pontos ela se aproxima ou se distancia de *A Child's History of the World*. Apresentamos a seguir alguns itens que a nosso ver constituem as estratégias empregadas no texto de Lobato, importantes para uma avaliação desse tipo.

Papel do narrador e narratários

Apesar de a personagem Dona Benta assumir certo ar "professoral", assemelhando-se ao mestre que se dirige a seus alunos, ao contrário do que ocorre em *A Child's History of the World*, ela não profere, em nenhum momento, relatos pessoais na primeira pessoa do singular, fato corriqueiro no texto de Hillyer. Não há em *História do mundo para as crianças* relatos de cunho pessoal como na obra original; porém, são apresentados relatos ou feitas referências a assuntos "locais", relacionados ao Sítio do Picapau Amarelo e às personagens que nele habitam (espaço fictício) e ao Brasil (espaço real).

Hillyer expõe uma imagem de professor de história elaborada por ele: alguém que deveria instigar o interesse do aluno, introduzindo-o em determinado assunto com base em dados concretos e, paulatinamente, levá-lo a compreender o valor daquele ensinamento para sua vida. Já a personagem Dona Benta assemelha-se a uma professora de outra forma e a outro tipo de professor: apresentando dados e instigando seus ouvintes a refletirem sobre eles. Ela não se preocupa em apresentar dados para que sejam memorizados, mas para que provoquem reflexão sobre as estruturas sociais, seus valores morais, as implicações do progresso etc.

O primeiro parágrafo do texto lobatiano já nos apresenta Dona Benta como uma senhora de muita leitura e atualizada Ela tinha uma biblioteca de várias centenas de volumes incluindo as novidades mais interessantes do momento, mandadas por um livreiro da capital. Pelo correio ela recebeu dos Estados Unidos *A Child's History of the World* e *A Child's Geography of the World*, de V. M. Hillyer, diretor da Calvert School, de Baltimore. Depois de ler os livros e reler outros volumes de sua biblioteca, chegou à conclusão de que a história do mundo poderia agradar crianças na idade de seus netos, Pedrinho e Narizinho.

Tais informações complementam os dados fornecidos pela página de rosto do livro de Lobato, apresentando os títulos das obras de Hillyer que levaram Lobato a essa produção. Como não tivemos acesso a *A Child's Geography of the World*, não podemos apontar o quanto ela influenciou e está presente na adaptação lobatiana, mas nota-se que a estrutura de *A Child's History of the World* deve preponderar, porque *História do mundo para as crianças*, a partir da nona edição, já não faz referência a *A Child's Geography of the World*, de Hillyer.

Vale notar que o narrador, que no primeiro parágrafo ainda não é Dona Benta, faz questão de ressaltar o aspecto dos livros recebidos – "lindas sobrecapas coloridas" – e assinala: "sistema americano". Já notamos aqui certo apreço que Lobato nutria pela cultura norte-americana.

O trecho introdutório também deixa evidente a cultura de Dona Benta: além de conhecer a língua inglesa, possuía material disponível em sua biblioteca (!) e capacidade suficiente para "montar" uma narrativa singular, não se atendo exclusivamente às obras de Hillyer. De fato, percebemos que estas são as linhas mestras, as diretrizes que orientam Dona Benta, mas que a elas acrescenta outros dados. Como bem assinala Oberg (apud Merz, 1996, p.28), essa personagem aparece "como professora privilegiada que, mesmo morando em um sítio, fala várias línguas e mantém-se atualizada, recebendo livros sobre os mais variados assuntos".

A atuação da personagem é enriquecida com os comentários das outras personagens lobatianas, que não se limitam apenas a escutar o que está sendo narrado por ela, conforme já explicamos. Por isso, tais personagens foram por nós designados como "narratários-narradores", ao passo que Dona Benta foi nomeada "narradora-narratária". Por exemplo, se Pedrinho se entusiasma com uma guerra, Lúcia (Narizinho) mostra-se indignada com ela, enquanto Emília a ironiza ou a despreza. Evidencia-se, assim, como o mesmo fato pode ser recebido e julgado de modo diferenciado, levando o leitor real a identificar-se com algum dos comentários ou permanecer alheio a eles, chegando a uma conclusão própria. Tal estrutura dinamiza a narrativa pela variedade de posições tomadas, como poderemos constatar a seguir.

Algumas intervenções de Pedrinho evidenciam a cultura da personagem, surpreendendo, às vezes, até mesmo Dona Benta e as demais personagens, pois é realmente extraordinário uma criança de sua idade ter tamanho conhecimento. A descrição de Penteado (1997, p.210-1) da personagem ajuda-nos a compreender sua atuação:

> O outro neto de Dona Benta tem idade próxima a Narizinho – entre 8 e 10 anos de idade –, e é apresentado como filho de uma filha de Dona Benta, Tonica, que mora no Rio de Janeiro. Pedrinho é mais ativo do que a prima, tanto física quanto intelectualmente – o que se encaixa de certa forma no estereótipo contemporâneo de Lobato para um "menino" e o aproxima, provavelmente, do que teria sido o próprio Lobato em garoto

[...] Como Lobato, Pedrinho é leitor ávido das narrativas de aventura e ficção histórica. Lobato atribui características meio idealizadas ao menino, muitas vezes descrito como "corajoso", "honesto", "responsável", interessado por assuntos sérios e "científicos" e pela leitura de jornais.

Até as dúvidas suscitadas pela personagem demonstram tanto seu espírito observador como seu conhecimento. No capítulo V, por exemplo, após Dona Benta ter ressaltado a fertilidade das terras egípcias, Pedrinho observa:

– Por que era esse Egito tão fértil, vovó? perguntou Pedrinho. Dizem que por causa do Nilo – mas não me consta que os rios andem fertilizando as terras. Se fosse assim, todos os países seriam muitos férteis, porque todos os países são banhados por numerosos rios. (Lobato, 1933, p.23)

O comentário é digno de nota, pois revela o raciocínio de uma criança que alia um dado concreto a uma nova informação. Seu espírito de observação é elevado, pois muitos recebem tal informação, e a explicação que em geral a acompanha (a fertilidade é proveniente das enchentes características deste rio), sem se ater à importância de tal singularidade.

A maioria de seus comentários destaca-se por revelar o conhecimento diversificado de Pedrinho. Quando Dona Benta explica a decifração dos hieróglifos, Pedrinho faz um aparte a respeito do encontro do rio Nilo com o mar Mediterrâneo, comentando que ali as águas se abrem e formam o delta do Nilo, que recebem esse nome devido à letra delta, ou D, que no grego tinha a forma de um triângulo. Os geógrafos denominaram delta essa formação dos rios quando desembocam no mar por que se assemelha a um triângulo.

Vale ressaltar que algumas informações da obra original são apresentadas na adaptação lobatiana por seus narratários-narradores, consolidando a dinâmica apontada anteriormente. Ela fica ainda mais evidente pela disparidade de comportamentos das personagens envolvidas, conforme podemos constatar nas passagens em que há o confronto de reações de Pedrinho e Emília diante de um mesmo dado. Em certo momento, o conhecimento de Pedrinho chega a ser motivo de "piada" para a debochada Emília. Quando explica, por exemplo, que monoteísta quer dizer religião de um deus só, fazendo referência à etimologia dessa palavra (*mono*: um; *theos*: deus), a boneca recomenda que tome chá de hortelã bem forte, para sarar das "bichas" que deveria ter.

Em alguns momentos, Pedrinho dinamiza a narrativa não por revelar um conhecimento que previamente possuía, mas por chegar a conclusões apropriadas, auxiliando Dona Benta na narração. Isso ocorre, por exemplo, nos capítulos XI e XV, que tratam de diferentes passagens relacionadas aos gregos: em certo momento, por exemplo, explica a expressão "presente de gregos", referente a presente de inimigo, de alguém que não merece confiança.

Finalmente, certos comentários feitos por Pedrinho no decorrer da narrativa corroboram seu espírito observador e demonstram também sua capacidade reflexiva sobre determinados assuntos. No capítulo XXVIII, por exemplo, ele afirma que a esperteza vale mais que a sabedoria para a sobrevivência humana, fato confirmado por Dona Benta, que chega até a dizer que ela – a esperteza – é tudo na vida, ela sempre é vitoriosa, vence até a força bruta.

Em outro momento, Pedrinho salienta como a História faz parte do nosso cotidiano e, consequentemente, do nosso presente, mesmo que não tenhamos consciência disso. Segundo ele, todas as coisas atuais têm uma explicação histórica: "– Que engraçado, vovó! exclamou Pedrinho. A menor coisa de hoje, que a gente faz sem pensar, tem uma explicação histórica, não?" (ibidem, p.181).

E ao lamentar a destruição das civilizações americanas pelos europeus, sutilmente ele faz um protesto contra o preconceito e a discriminação que são um entrave para a evolução humana: "– Que pena, vovó, terem esses homens destruído as civilizações da América! Como mais interessante e variado seria o mundo, se esses povos tivessem podido seguir seu caminho..." (ibidem, p.231). Nessa passagem ele demonstra o valor que dava às civilizações mais promissoras para o progresso técnico e científico, revelando também espírito prático.

Tais intervenções demonstram claramente o papel duplo que a personagem assume na narrativa lobatiana. Seus comentários não são simples apartes, ou dados adicionais à narrativa, mas a redimensionam, pois apresentam um ponto de vista que pode ser diferente das demais personagens. A narrativa teria, assim, um fio condutor nem homogêneo nem unívoco, mas heterogêneo, em que diferentes perspectivas são apresentadas de forma interativa. Mesmo se considerássemos Pedrinho apenas narratário no texto lobatiano, seu papel já seria relevante, pois, como bem salientam Reis e Lopes (1988, p.65),

a diversidade de situações que suscitam a manifestação do *narratário* relaciona-se com as diferentes funções que podem caber-lhe: "ele constitui um elo de ligação entre narrador e leitor, ajuda a precisar o enquadramento da narração, serve para caracterizar o narrador, destaca certos temas, faz avançar a intriga, torna-se porta-voz da moral da obra.

Neste caso, a primeira função é a que mais nos chama a atenção, pois a situação nos remete a outra categoria, o *destinatário* do texto. Devemos salientar que o destinatário, às vezes denominado leitor ideal, deve ser considerado "um elemento com relevância na estruturação do próprio texto" (ibidem, p.52). Tal consideração é decorrente da condição dialógica de todo ato de linguagem, segundo a qual o sujeito que emite uma mensagem visa e solicita uma instância receptora. Para alcançá-lo, ele se utiliza de certos meios, de certas estratégias e pode ainda projetá-lo na narrativa pela atuação do narratário. Segundo Reis e Lopes (ibidem), "os condicionamentos que afetam o *leitor*, a manipulação a que pode ser sujeito e as relações que sustenta com o autor podem projetar-se no modo de existência do *narratário* enquanto destinatário intratextual".

Ou seja, o narratário é um elemento ficcional que não se confunde com o leitor real, mas faz parte de uma ficcionalidade que dissimula a realidade. Em *História do mundo para as crianças* os narratários-narradores levam-nos a pensar inevitavelmente no destinatário pretendido por Lobato e em uma possível representação deste em sua obra. Reis e Lopes (ibidem, p.53) concluem que existe a possibilidade de, no plano operatório, partirmos desse *leitor fictício* (no caso, os narratários são ouvintes fictícios) expressamente citado, para se chegar ao *leitor real*. Porque muitas vezes essa alusão decorre do efetivo intuito de se ocultar o estatuto ficcional da narrativa, é natural e legítimo que se pense que esse *narratário* a quem se chama *leitor* (ouvinte, no caso desta obra lobatiana) registre consideráveis semelhanças com o *leitor real*.

Assim, torna-se possível perceber no decorrer da leitura do texto lobatiano quais eram também as pretensões do autor para o destinatário da tradução. Após a apresentação das variadas estratégias das quais fez uso, incluindo a atuação diversificada dos narratários-narradores na obra, poderemos ter ideia do destinatário nela presente. E comparando--o com o destinatário pretendido por Hillyer, compreender melhor as alterações que marcam a adaptação.

Além das intervenções de Pedrinho, *História do mundo para as crianças* tem a participação de Lúcia, mais conhecida como Narizinho. Ela, também neta de Dona Benta, tem idade próxima de Pedrinho; porém, ao contrário deste, que vive na cidade e apenas passa as férias na casa da avó, Narizinho vive no Sítio e não há, em nenhum momento da obra de Lobato, explicação sobre o que aconteceu com seus pais, nem se Dona Benta é sua avó materna ou paterna.

Ao longo do texto, sua participação na narrativa distingue-se da de Pedrinho por não tecer comentários revelando conhecimento tão diversificado e atualizado. Isso nos leva a supor que seja para marcar a distinção de contexto em que as personagens vivem: enquanto Pedrinho é um menino "da cidade", onde frequenta a escola e tem provavelmente mais acesso a informações, Narizinho está "restrita" ao espaço do Sítio e depende principalmente do que a avó, Dona Benta, lhe ensina.

A maioria das intervenções da personagem demonstra preocupação exacerbada com as injustiças sociais, sobretudo com aquelas que se originam das diferenças entre os sexos (inferioridade feminina) e com as diversas formas de violência praticadas pelo homem no decorrer da sua história.

Em passagem sobre as diferenças entre castas na Índia, ela mostra--se horrorizada com o que chama de "burrice e maldade na vida dos homens". E sua avó, Dona Benta, concorda lembrando que a "dolorosa" distinção e castas na Índia permanecia até aquele momento (Lobato, 1933, p.70).

A personagem observa como a ignorância e a violência podem andar juntas, contribuindo para a distinção social. No mesmo capítulo, mostra-se indignada com o tratamento dado às mulheres, quando estas ficavam viúvas, e atenta para a desigualdade entre homens e mulheres:

> Os mortos não eram enterrados e sim queimados. Se o defunto fosse homem casado, também lhe queimavam a viúva. As coitadas não tinham o direito de continuar a viver depois da morte do marido...
> – Que desaforo! exclamou Narizinho indignada. Quer dizer que mulher nesse país não era gente – não passava de lenha...
> [...]
> – Por que em toda parte essa desigualdade das leis e costumes, vovó? Por que tudo para o homem e nada para a mulher?
> – Por uma razão muito simples. Porque os homens, como mais fortes, foram os fabricantes das leis e dos costumes – e trataram sempre de puxar a brasa para a sua sardinha [...] (ibidem, p.71-2)

Narizinho não fica convencida nem satisfeita com a justificativa dada por Dona Benta. Aliás, a personagem tenta em muitos momentos dar uma explicação racional para um tema – a violência – combatido sempre de modo passional pela neta.

De forma veemente, ela também discorda de Pedrinho, no capítulo XLIV, quando ele demonstra sua simpatia pelos árabes e o desejo de que tivessem conquistado a Europa; segundo ela, eles eram malvados com as mulheres pois não as deixavam sair com a cabeça descoberta, apenas com um xale com dois buraquinhos para os olhos (a "burca"). O mundo inteiro assim seria um horror! (ibidem, p.159).

Narizinho não se preocupa só com a discriminação que atinge as mulheres. Em alguns momentos também deixa transparecer seu ideal feminino, pelas críticas e qualidades que exalta ao referir-se a certas mulheres em situações distintas. Quando Dona Benta trata do período das cavalarias (Idade Média), Narizinho qualifica as caçadas praticadas como uma forma de "malvadeza" e critica as mulheres (damas) que admiravam o "esporte", considerando-as "Umas bruxas!" (ibidem, p.183).

Narizinho também preconiza para as mulheres certo senso crítico e vibra quando Dona Benta qualifica as duas rainhas que governaram a Inglaterra – Elizabeth, traduzida como Isabel, assim como o fez Godofredo Rangel, e Vitória – como "notáveis". Isso é suficiente para que ela provoque Pedrinho, aparentemente representante do lado oposto que deve ser enfrentado sempre que possível, e mostra-se convencida da superioridade feminina, afirmando que as mulheres sabem governar melhor do que os homens.

As reações de Narizinho são ainda mais enfáticas e passionais quando o assunto envolve guerras e violência física. Ela não admite nem aceita nenhuma justificativa para tais atos, mesmo que Dona Benta tente explicá-los utilizando alguma dose de resignação. Diante de fato relativamente corriqueiro para a história como as conquistas territoriais, as personagens mostram posições claramente diferentes. Enquanto Narizinho considera isso um crime, Dona Benta afirma que a história da humanidade constitui-se de uma série imensa de crimes, cometida pelos mais fortes contra os mais fracos.

Em outro momento, diante da violência aparentemente inevitável que permeia a trajetória da história humana, faz um comentário inesperado para o castigo imposto aos piratas que aprisionaram Júlio César, na época em que Roma já era um grande império:

– Interessante! exclamou Narizinho com ironia. Um castigo tão horrível para os que roubavam no mar um bocadinho do colosso que eles roubavam em terra, na pilhagem dos outros povos!...
– O mundo é assim mesmo, minha filha, sempre foi e talvez será sempre assim. Essa indignação que você sente é própria da idade. Quando crescer, há de acostumar-se e achar tudo muito natural. É a vida... (ibidem, p.115)

Mas Narizinho insiste em criticar atos desse tipo, até "obrigar" Dona Benta a reconhecer que a neta tem certa razão nas afirmações que faz. Quando, no capítulo LV, Dona Benta usa a expressão "arte da guerra", Narizinho rebela-se e chama de "monstruosidade" o que considera como "arte de matar gente".

Narizinho distingue-se, assim, nessa narrativa, principalmente por suas reações exaltadas, decorrentes de situações que lhe parecem injustas ou violentas. Ela apresenta outro ponto de vista, diferente do de Pedrinho e até do de Dona Benta: enquanto o primeiro destaca-se mais por revelar sua cultura e seu espírito observador, a avó ressoa como a voz da "razão", tentando dar justificativas e explicações para as mais variadas situações. As reações mais exaltadas de Narizinho são interpretadas por ela como fruto da imaturidade, da inexperiência da menina.

Vistas por outro ângulo, porém, elas expressam outro viés interpretativo para alguns fatos históricos, contribuindo para possíveis reflexões por parte do leitor que dificilmente permanece passivo diante dela.

Como já dissemos, na maior parte das vezes a narrativa é conduzida por Dona Benta, que reapresenta praticamente a mesma visão histórica do narrador de Hillyer, mas diante de comentários tão variados quanto os das outras personagens lobatianas ("narratários-narradores"), uma pequena abertura é dada ao leitor. Dependendo de sua competência, pode chegar a conclusão própria, instigado pelo texto, mas sem se prender a ele.

Devemos avaliar ainda a participação de outra personagem, a boneca Emília, que também assume o papel de narratário-narrador na tradução de Lobato. Como notaremos, suas intervenções sofrem alterações significativas, conforme novas edições da obra lobatiana são lançadas.

Segundo Penteado, Emília é a porta-voz de Lobato em momentos importantes e sobre os assuntos mais polêmicos. Tem a mesma independência de personalidade e autonomia intelectual que caracterizavam o escritor, mas também uma esperteza e um "jeitinho" brasileiros que não eram características suas. Lobato conta que muitas vezes, ao escrever, ria sozinho das asneiras que colocava na boca da boneca. O poder de Emília origina-se em suas ideias – frequentemente classificadas como "asneiras" pelos outros personagens ou pelo próprio Lobato, em uma espécie de autocensura convencional – e na coragem de passar ao empreendimento e à ação. Como observa um dos estudiosos da obra de Lobato, "ela é a própria imagem do indivíduo empreendedor, apto e esperto, que, para Lobato, identifica aqueles que são capazes de vencer na competição pela vida" (Penteado, 1997, p.213-4).

O caráter individualista e a exaltação da esperteza por parte da boneca estão bem presentes no texto de Lobato. Penteado lembra ainda suas ideias anticonvencionais e irreverentes, geralmente classificadas como "asneiras" pelas demais personagens. Na maior parte das vezes, elas as repudiam, chegando a expulsar momentaneamente a boneca do grupo formado em torno de Dona Benta. Alguns comentários da boneca são irônicos, outros chegam a ser "malcriados" e alguns simplesmente descabidos. Eles são responsáveis pelos momentos cômicos da narrativa e, em certas ocasiões, rompem com a gravidade do assunto apresentado. Por exemplo, após Dona Benta ter relatado parte da história dos hebreus, explicando o ritual da unção com óleo nos reis, Emília tem a seguinte "ideia":

(A história dos hebreus parou aí, nesse dia, por causa da boneca, que foi pilhada furtando a lata de azeite doce do armário da cozinha. "Para que isso, Emília?" perguntou tia Nastácia. "Para ungir Rabicó", respondeu ela. "Quem sabe se não faremos dele um reizinho bem jeitoso?"). (Lobato, 1933, p.39)

Além de cômicos, os comentários promovem associações de elementos da história com elementos do cotidiano do Sítio, em clara demonstração de como as associações estratégicas, presentes em *A Child's History of the World*, são reapresentadas na tradução lobatiana.
Esse tipo de associação acontece em outros momentos da narrativa. Por exemplo, após saber do *Domesday Book*, livro em que foi anotado o levantamento feito por ordem do rei Guilherme de todas as pessoas e propriedades da Inglaterra, no século XI, a boneca confabula com o Visconde, para que ele fizesse o levantamento da escrita e o balanço do Sítio de Dona Benta, "muito bem feitinho"; assim, se ela se tornasse a Rola (feminino de Rolo, um pirata normando) do reino do Sítio e ele escrevesse o *Domesday Book* do Sítio "bem direitinho", ela o faria cavaleiro...
É notável como Emília se aproveita dos elementos históricos e reais apresentados por Dona Benta e os transfere para o plano da fantasia, incluindo-se como peça principal no contexto fantasioso. Nesses momentos conjugam-se mais uma vez o real e a fantasia, marca constante

na obra infantil lobatiana. Outras vezes remete a elementos típicos do Sítio em seus comentários, como nesta passagem, quando Dona Benta se refere à pólvora:

> Depois do regresso dos dois Polos, continuou Dona Benta, os povos da Europa começaram a ouvir falar de duas coisas maravilhosas – uma agulha mágica e um pó invencível, trazidos de Cathai.
> – Há de ser o pó de pirlimpimpim! gritou Emília. (ibidem, p.206)

Em alguns momentos, Emília chega a falar de forma "grosseira", interrompendo o curso da narrativa de Dona Benta, conforme demonstram estas passagens:

> – A Média era um país montanhoso e a Babilônia era um país plano. A esposa de Nabuco (Nabucodonosor), que estava acostumada com as montanhas de sua terra, estranhou a nova pátria e começou a ficar triste. Sabem o que o rei fez?
> – Mandou-a pentear macacos! gritou Emília.
> Ninguém riu, nem respondeu. Tinham resolvido deixar que Emília dissesse o que quisesse, fingindo ignorar a existência dela. (ibidem, p.65)

> Agora é preciso que vocês saibam que os persas daquele tempo eram governados por um grande rei de nome Ciro.
> – Casado coma rainha Cêra, filha da princesa Sára, neta do imperador Sura, disse Emília lá do seu canto.
> Emília parecia ter resolvido sabotar a história de Dona Benta e por isso vinha sempre com umas graças muito sem graça. Mas todos tinham combinado fingir que ela não existia, de modo que sua sabotagem de nada adiantava. (ibidem, p.67)

As "asneiras" de Emília acabam por ser classificadas como uma forma de "sabotagem" pelo narrador. Anteriormente, ela havia sido proibida de falar pelas demais personagens; agora, estas tomam outra atitude, passando a ignorar suas reações – bom para o leitor, que tem a oportunidade de saber o que se passa pela cabecinha "asneirenta" e muito imaginativa da boneca...

Outras intervenções são totalmente descabidas; por vezes, ela responde de forma absurda a perguntas de Dona Benta e continua sendo rechaçada ou ignorada pelas demais personagens; por exemplo, ao tentar explicar a palavra "ostracismo" (fazendo referências a ostras recheadas e mais coisas).

Em raro momento da narrativa, talvez o único, uma inesperada resposta da personagem mostra que ela não era tão "asneirenta" e leva os demais a rirem de sua observação. Narizinho, como dissemos, criticava os árabes pela forma como tratavam as mulheres. Contudo, depois de Dona Benta ter exaltado as invenções e outros hábitos praticados por eles, a menina muda de opinião e afirma que os "perdoava" completamente. Dona Benta alerta que ela ainda deve conhecer outro dado relacionado ao tratamento que davam às mulheres, e explica que praticavam a poligamia. Narizinho fica então na dúvida, mas Emília não titubeia e afirma que, se uma mulher apenas já deixa os homens tontos, ter muitas mulheres é um castigo para eles. Graças a este aparte, a neta de Dona Benta perdoou os árabes completamente.

Emília também mostra interesse por violar regras. Já vimos que Pedrinho ficara entusiasmado com a atitude de Rolo, o pirata que, literalmente, virou o rei francês de pernas para o ar. Pois Emília também ficou impressionada com tal gesto:

> Emília, cujo sonho sempre fora ser mulher dum grande pirata não pôde deixar de vir com a sua asneirinha.
> – Oh, exclamou ela, se eu fosse Mme. Rolo havia de ir com ele a essa cerimônia, para virar também a rainha de França de pernas para o ar! (ibidem, p.184)

Em termos de valores, a boneca também mostra ter certas diferenças com os apregoados por Dona Benta, por exemplo, que sempre insiste na honestidade a ser preservada. Neste trecho, referente ao caráter do americano George Washington, ela não titubeia ao dar sua opinião:

Washington era, além de muito esforçado, de espírito reto, justiceiro, verdadeiramente patriota e honestíssimo. Contam que certa vez, muito criança ainda, cortou com um machadinho, que lhe haviam dado, uma cerejeira plantada por seu pai. Naquele tempo havia uma lei punindo até com pena de morte quem cortasse uma cerejeira. Pois bem, quando seu pai chegou e perguntou: "Quem cortou a cerejeira?" o bom menino não vacilou na resposta. "Não sei mentir, meu pai. Fui eu", disse ele. Faria você o mesmo, Pedrinho?

– Eu...eu...gaguejou Pedrinho.
– Não minta. Faça como Washington. Não minta.
– Eu... eu não sei, vovó. As coisas dependem das circunstâncias. Tudo depende.
– Pois eu mentia, declarou a boneca. Se essa tal terra tinha essa tal lei mandando matar quem cortasse essa tal árvore, eram eles uns grandes idiotas, e portanto merecedores de que a gente lhes mentisse na cara com todo o caradurismo. Eu mentia. (ibidem, p.262)

Nas palavras de Martins (1972, v.1, p.22),

esse elenco de personagens já dá bem uma ideia de como Lobato fundiu com a maior naturalidade o real e o irreal, o verossímil e o absurdo. Desde que Emília, por efeito das famosas pílulas do Dr. Caramujo, começa a falar, torna-se tão verossímil quanto Narizinho, mas muito mais viva, inteligente e original e, por todos os livros, vai-se comportando, ora como criança levada e malcriada, ora como uma sabiazinha petulante e muito experiente.

Pelos comentários da boneca nota-se a variedade de reações expressas por ela, consolidando uma imagem multifacetada e polivalente – aliados aos comentários das outras personagens, constituem um quadro bastante diversificado, pois oferecem ao leitor opiniões divergentes entre si. Podemos entender esse quadro como consequência de sua preocupação com o recebedor do texto infantil. Filipouski (apud Zilberman, 1983, p.102-5) chama a atenção para nova retórica adotada por Lobato, constituída em parte pela estrutura singular encontrada em *História do mundo para as crianças*, em que se entrelaçam os comentários variados emitidos pelas personagens. Dessa forma, com tais personagens, os leitores são levados a conquistar uma consciência crítica diante do que está sendo narrado, que se expande para a realidade que o cerca, pela valorização e pelo reconhecimento de determinados aspectos que poderiam permanecer ignorados por ele até então. Conforme Filipouski (ibidem, p.104),

> livre de censura, sem coleira, a obra infanto-juvenil lobatiana apresenta dois níveis distintos: num deles, a criança pergunta e recebe informações que a instrumentam para a crítica; no outro, vê criticamente aspectos reais, os quais têm como característica infantil a absoluta falta de limites com acontecimentos irreais. Tudo é possível.

...até uma boneca de pano expressar conhecimentos ou criticar conceitos e situações históricas, expondo um ponto de vista extravagante e diverso dos demais, adeptos da racionalidade e do bom senso. Podendo identificar-se com alguma personagem, os leitores veem criticamente os assuntos apresentados, atuando de forma mais consciente sobre o seu mundo.

A nova estética instaurada por Lobato para a literatura infantil brasileira baseia-se, segundo Filipouski (ibidem, p.103),

> numa nova retórica e numa nova ideologia, entendidas aqui, a primeira, como a adoção de soluções comunicativas inéditas no plano linguístico, tais como a predominância afetiva, espontânea, coloquial e descontraída; e a segunda como o conjunto de ideias que formam o texto e que remetem a uma visão crítica do Brasil. Lobato assume o compromisso de apontar erros às crianças para torná-los possíveis de serem corrigidos; em decorrência, compromete-se, também, com uma moral de situação por ele instaurada, a qual altera a visão tradicional de valores como a liberdade e a verdade.

No caso específico dessa obra, o texto é capaz de apresentar ao leitor uma visão "crítica" sobre a atuação do homem ao longo da própria história. Ela decorre, principalmente, da atuação dos narratários- -narradores naquela. Lembremos, contudo, que a criticidade está atrelada a certa época e, portanto, tem alguns limites. Retomaremos o assunto posteriormente, ao tratarmos do conceito de história implícito na obra lobatiana. Em seguida, vamos examinar como a nova retórica citada por Filipouski está estruturada em *História do mundo para as crianças:* em especial por uma linguagem coloquial que faz referências constantes à realidade e ao contexto almejados para o leitor.

O cenário fictício criado por Monteiro Lobato inclui ainda duas personagens com participações bastante distintas das demais: Tia Nastácia e o Visconde. Ambas fazem parte do grupo reunido em torno de Dona Benta para ouvi-la narrar a "história do mundo", só ficam de fora três elementos: rabicó, o Rinoceronte e o doutor Livingstone, que não existia mais.

Apesar disso, as personagens não intervêm na narrativa, não emitem comentários nem observações sobre os assuntos apresentados. Não atuam como narratários-narradores; são apenas ouvintes e servem por vezes de referência para algum comentário de outra personagem. Quem mais chama nossa atenção é Tia Nastácia, pois, apesar de humana, acaba equiparando-se a um ser fictício como o Visconde, um sabugo de milho.

Pedrinho é quem primeiro se refere a ela, deixando evidente sua crença na absoluta ignorância da personagem:

[...] Logo a senhora tem razão: a primeira e a maior de todas as descobertas foi o fogo! E voltando-se para Narizinho: Mas não vá dizer isto a tia Nastácia, ouviu? A boba, que nunca fez outra coisa na vida senão lidar com fogo, vai ficar muito cheia de si e talvez convencida de que foi ela quem o descobriu... (Lobato, 1933, p.18)

Em outro momento, há ao mesmo tempo referência à ignorância e à crença religiosa da cozinheira:

– Creio em Deus Padre todo poderoso, senhor do céu e da terra... murmurou tia Nastácia, que havia entrado na sala para recolher Emília.

– Estão vendo? disse Dona Benta. Até a tia Nastácia, que é uma pobre negra analfabeta, sabe de cor o Credo de Niceia, isto é, o resumo da religião cristã feito pelo concílio reunido lá no ano 325 [...] (ibidem, p.138)

– Não. Em Roma todos os dias da semana eram iguais.
– Credo! Que coisa sem graça não devia ser, murmurou tia Nastácia, retirando-se para a cozinha com a boneca no bolso do avental.
Todos riram-se. A pobre negra vivia dizendo Credo! Credo! sem saber que usava essa exclamação por causa dum imperador romano chamado Constantino, que havia reunido os principais chefes cristãos na cidade de Nicéia, no ano 325!... (ibidem, p.139)

Vale salientar que a ignorância é combatida e criticada em todo o livro. Dona Benta chega a afirmar que "a pior coisa do mundo é não saber" (ibidem, p.149). Por isso ela qualifica Tia Nastácia como "pobre negra". Também parece fazer uma sutil associação entre sua religiosidade e ignorância, como se uma estivesse atrelada à outra.

A maior parte de suas aparições, todavia, diz respeito à sua condição de empregada do Sítio, principalmente como cozinheira:

(A história dos hebreus parou aí, nesse dia, por causa da boneca, que foi pilhada furtando a lata de azeite doce do armário da cozinha. "Para que isso, Emília?" perguntou tia Nastácia. "Para ungir Rabicó", respondeu ela. "Quem sabe se não faremos dele um reizinho bem jeitoso?"). (ibidem, p.39)

– Sistema de tia Nastácia com os pintinhos, observou a menina. Ela torce o pescoço de todos que não prometem bons frangos. (sobre o Código de Licurgo, ibidem, p.53)

(Emília, que ainda estava proibida de falar, cochichou para o Visconde: imagine que regalo para tia Nastácia, se morasse lá! Ela gosta tanto de pôr louro na comida...) (ibidem, p.57)

Dona Benta mandou que tia Nastácia levasse a atrapalhadeira para a cozinha. (ibidem, p.77)

[...] "Foi Emília, que eu vi!" disse tia Nastácia aparecendo da cozinha com a colher de pau na mão... (ibidem, p.85)

– Tia Nastácia! gritou Dona Benta. Recolha a torneirinha... (referindo-se à Emília, ibidem, p.132)

Dona Benta gritou por tia Nastácia e mandou que levasse Emília para a cozinha. (ibidem, p.155)

Como bem ressalta Lajolo (1999, p.65), é "o espaço da cozinha emblema de seu confinamento e de sua desqualificação social". Apesar da discriminação com que é tratada, no capítulo LXXIV duras críticas são feitas à escravidão praticada no Brasil, tanto por Pedrinho quanto por Dona Benta. Pedrinho a qualifica de "mancha negra" e Dona Benta refere-se ao "cancro da escravidão" e à vergonha de sermos o último país do mundo a acabar com ela.

Muitos estudiosos já apontaram traços racistas na obra lobatiana, conforme ressalta Lajolo. Uma "questão incômoda", segundo ela, que expressa, sobretudo, o conflito violento que existia na vida real. O texto de Lobato estaria representando-o por um "discurso sinuoso", já que exalta o fim da escravidão, mas continua condenando o negro a uma situação de submissão.

Quanto ao Visconde, sua participação é ainda mais restrita. Ele serve apenas de ouvinte de Dona Benta e escuta alguns comentários "cochichados" ao seu ouvido por Emília, como demonstram estas passagens:

> Em seguida deixaram-na a cochichar qualquer coisa ao ouvido do Visconde e voltaram à história do Vesúvio. (Lobato, 1933, p.130)

> – Vai ver que desta vez ela não sabe, cochichou Emília ao ouvido do Visconde. [...] (ibidem, p.133)

> Nesse ponto Emília cochichou ao ouvido do Visconde, perguntando--lhe que marca tinha o sabugo que dera começo à ilustre família dos viscondes de Sabugosa. (ibidem, p.181)

Ao contrário, portanto, da participação ativa das demais personagens, Tia Nastácia e o Visconde atuam como meros coadjuvantes em *História do mundo para as crianças*. São como "sombras", que passam por nossos olhos sem permitir, contudo, que vejamos detalhes de sua figura. Elas não interferem na narrativa e muito menos proporcionam ao leitor momentos de crítica ou reflexão – pelo menos, não de forma direta. Indiretamente podem levá-lo a isso, pela passividade e pelo tratamento diferenciado que recebem no decorrer da narrativa.

Vocabulário

Não poderíamos deixar de abordar algumas singularidades do vocabulário utilizado na obra, visto que a linguagem de todos os livros lobatianos se destaca por extrema originalidade. Já na introdução de *A Child's History of the World* Hillyer faz um alerta mostrando como a linguagem pode confundir o leitor infantil. Para evitar isso decidiu apresentar apenas os temas que considerava pertinentes para a compreensão desse determinado público. É evidente que isso também implicou o uso de determinada forma de expressão que incluiu uma série de recursos – associações e estratégias visuais – conforme já examinamos. Em *História do mundo para as crianças* a linguagem torna-se acessível pelo uso de um vocabulário singular, muitas vezes constituído por expressões locais que por certo não são encontradas no texto norte-americano. Considerando o vocabulário como uma das estratégias utilizadas por Lobato e conscientes de sua importância em toda obra lobatiana, reservamos este espaço para tratar da questão especificamente em relação à *História do mundo para as crianças*.

Para atrair e reter a atenção de seu leitor, Lobato desenvolveu um estilo claro e original. Conforme afirma Martins (1972, p. 42-3),

> predominando a narração dialogada, os mais diversos recursos expressivos da linguagem coloquial são utilizados. Frases feitas, padrões especiais de interrogação, negação e exclusão, construções afetivas de todo tipo, figuras e processos enfáticos dos mais diversos, tudo isso se combina com graça e naturalidade, resultando essa força de atração a que só resistem os meninos muito avessos aos livros ou ainda pouco desenvolvidos na leitura.[3]

---

[3] Esse livro tem como objetivo mostrar como a língua portuguesa foi explorada por Monteiro Lobato em todas as suas obras infantis. Eventualmente apresenta dados de interesse para a nossa pesquisa e foram a eles que nos reportamos quando citamos a autora.

Entre outras, vale salientar a última observação de Martins, à qual nos reportaremos posteriormente. Ele se refere ao nível almejado para o leitor lobatiano, alertando para o fato de que o texto requer do leitor certa cultura ou, no mínimo, certo interesse para tomar conhecimento de assuntos ou expressões que porventura desconheça.

Em *História do mundo para as crianças* encontramos, assim como nas demais obras lobatianas, um estilo que se caracteriza por grande clareza, graça e vivacidade, o que, contudo, não implica um vocabulário composto apenas por palavras conhecidas do público infantil. Segundo Martins, "Lobato não teme empregar vocábulos literários e mesmo científicos, pois em geral as crianças o entenderão pelo contexto; quando não, jeitosamente, como bom didata, ele encaixa uma explicação, ou mesmo, a etimologia do termo difícil" (ibidem, p.50). É o que ocorre, por exemplo, quando Dona Benta explica o significado da palavra "filósofo" para a neta Narizinho:

– Pare um pouco, vovó, disse a menina. Eu vejo sempre falar em filósofo e até já tenho empregado essa palavra, mas na verdade não sei bem o que quer dizer. Para tia Nastácia, filósofo é um sujeito de calça furada, que anda distraído pela rua, tropeçando nos sapos. Será isso mesmo?
– Não, minha filha. Filósofo quer dizer amigo da sabedoria. Filósofos são chamados os homens que sabem todas as ciências, embora não sejam especialistas em nenhuma. Eram os homens que na Grécia explicavam ao povo o que era e o que não era. (Lobato, 1933, p.89)

Vemos que no texto se contrapõe um estereótipo relacionado ao termo – "sujeito de calça furada, que anda distraído pela rua, tropeçando nos sapos" – à sua definição erudita. A presença do vocabulário culto contribui, assim, para enriquecer a linguagem da obra, promover um equilíbrio com a vulgaridade de expressões populares ou de gíria e suscitar significados mais precisos de termos mal conhecidos, e ainda consegue provocar certo impacto no leitor.

Martins (1972, p.52) salienta também que o equilíbrio entre vocabulário erudito e vocabulário popular afasta o texto lobatiano de um possível pedantismo ou de certa vulgaridade, se houvesse a predominância de apenas um deles. Assim, fundindo o léxico básico com vocábulos cultos e populares e ainda com os neologismo que fabrica sempre que não encontra uma expressão satisfatória, Monteiro Lobato compõe um vocabulário bastante rico, variado e pitoresco. Além de serem atraídas pela força expressiva das palavras, as crianças têm oportunidade de aprender novos termos e enriquecer o seu cabedal linguístico.

Como exemplo de vocabulário erudito,[4] Martins elenca uma série de substantivos, adjetivos e verbos encontrados em todas as obras infantis lobatianas. Aproveitando a classificação da autora, apresentamos os vocábulos referentes à *História do mundo para as crianças*. Os substantivos são em maior número e podem ser divididos em:
- *abstratos*: belicosidade, emulação, escarmento, tenacidade;
- *referentes a sistemas políticos, filosóficos e crenças religiosas*: ostracismo, epicurismo, estoicismo, bramanismo, budismo;
- *relacionados à literatura e à arte*: cuneiforme, hieróglifos, filipeia, retórica, rapsodo, clavicórdio, ópera, sinfonia;
- *objetos e instrumentos diversos*: almofariz, ampulheta, clepsidra, urna;
- *armas e instrumentos de guerra*: arcabuz, bestas (besteiros), elmo;
- *designativos de raças, povos, grupos sociais*: hunos, brâmanes/párias, muçulmanos, plebeus/patrícios, teutões;
- *designativos de governantes, elementos do mundo político-militar*: câs/khans, césares, califa, déspota, faraó, sultão, comodoro, jurisconsulto.

Alguns *verbos* também são exemplares: dizimar, erigir, inferir, infringir, regozijar-se, vangloriar-se.

Evidencia-se assim que o livro, mesmo sendo dirigido a crianças, não se limitava ao nível vocabular infantil. Também não há palavras cultas em excesso, sendo usadas apenas aquelas que se ajustam bem às ideias presentes no texto. Para Martins (ibidem, p.59), isso significa que nas obras infantis lobatianas a "simplicidade e a clareza dependem

---

4 Martins assim considera os vocábulos mais restritos à linguagem literária e científica, usada mais por pessoas instruídas e ignorada pela maioria dos falantes da língua, incluindo aqui o público infantil.

muito mais da construção da frase, da objetividade do pensamento e da eficácia das imagens concretizantes e acessíveis do que de um léxico restrito e totalmente conhecido".

Quanto ao vocabulário popular, como bem alerta Martins, há certa dificuldade em diferenciar precisamente vocábulos populares de vocábulos comuns. "Um mesmo vocábulo, conforme o sentido em que é empregado, é da língua comum ou da popular" (ibidem). Assim, sua proposta limita-se a exemplificar os vocábulos consignados nos dicionários como populares ou familiares, os arrolados por Amadeu Amaral em *O dialeto caipira* e alguns que qualquer falante do português do Brasil reconhece como populares (ibidem, p.61). Acompanhando sua classificação, apresentamos os vocábulos nela citados, porém acrescidos de outros por nós selecionados durante leitura do texto.

Em relação aos substantivos, destacam-se aqueles que dizem respeito a pessoas. Indicando "homem, pessoa, indivíduo" encontramos o vocábulo *cabra*, quando Pedrinho assim se refere a César, então general romano:

– Sim senhora! Isso é o que nós aqui chamamos um cabra escovado! disse Pedrinho.
Dona Benta riu-se do contraste que aquela expressão chula fazia com a dignidade do assunto e continuou: [...] (Lobato, 1933, p.116)

Nota-se que a própria personagem-narradora repara no impacto da expressão neste contexto. Já substantivos que indicam pessoas "más, grosseiras, vadias, de mau caráter" estão presentes nestas passagens:

– Como há gente ruim no mundo! murmurou Narizinho, pensativa.
– Se há! disse Dona Benta. Mas o grande perigo é ficarem os maus em situação de poder ser maus à vontade, como aconteceu ao imperador romano que veio alguns anos depois do grande Augusto. Chamava-se Nero, essa *bisca*. (ibidem, p.126)

– [...] Edison, em menino, não cessava de fazer reinações, que já eram começos de invenções. Certa vez, quando vendia jornais nos trens,

escondeu-se num carro de bagagem a fim de fazer reinações nos momentos de folga. E tais fez que pegou fogo no carro! O chefe do trem veio de lá e pregou-lhe um tremendo tapa no ouvido que o pôs surdo para sempre.
– Que *cavalo*! exclamou a menina. (ibidem, p.289)

– Sócrates era casado com Xantipa, uma verdadeira *jararaca*. (ibidem, p.95)

Outros substantivos referem-se a comidas próprias da cultura brasileira: bolinho de milho, pipoca, chá de hortelã, óleo de rícino... Tais vocábulos, além de constituírem um exemplo de coloquialismo no texto, remetem a elementos locais, ressaltando outra estratégia empregada por Lobato, conforme veremos posteriormente.

Quanto aos adjetivos, entre eles se destaca *asneirenta*, muito usado em relação à Emília, como já vimos; também encontramos termos como *cabeçudo* e *beiçuda*, como nestas passagens:

– [...] Os amigos de Lutero, então, com medo que os católicos o matassem, esconderam-no, ou prenderam-no por um ano em lugar seguro – e foi nessa prisão que o *cabeçudo* monge verteu a Bíblia para a língua alemã, coisa que não havia sido feita ainda. (ibidem, p.238)

– O chá está na mesa, disse a boa preta, muito admirada de receber o nome de "bússola *beiçuda*" que lhe deu a Emília. (idem, 1943, p.191)

Encontramos também interessante neologismo no papel de verbo:

Às vezes, quando vários meninos estão brincando no quintal, aparece um outro de fora, que começa a "sapear" por cima do muro. Ninguém quer saber dele, mas o diabinho mexe e remexe e acaba entrando no brinquedo, batendo nos outros e virando o chefe. (idem, 1933, p.96)

Como vemos, a nota de Martins acerca dos vocábulos eruditos, inseridos por Lobato de modo que acabam por ser entendidos pelo leitor, também se estende a casos como este. Apesar de ser uma linguagem coloquial, é um neologismo, e para evitar qualquer equívoco, o parágrafo é construído de forma que podemos supor o significado pretendido para ele – aqui: ficar olhando de fora ou às ocultas. Explicações mais "científicas" são dadas por vocábulos "inesperados" para a situação. No início do livro, a apresentação da cadeia evolutiva que deu origem à Terra e a todos os seres vivos nela presentes contém alguns termos bastante interessantes:

>   Estrela – Sol
>   Sol – *Espirro do Sol*
>   *Espirro do Sol* – Terra
>   Terra – Vapor
>   Vapor – *Chuvarada*
>   *Chuvarada* – Oceanos
>
> [...]   Oceanos – Plantas
>   Plantas – *Geleias*
>   *Geleias* – Insetos
>   Insetos – Peixes
>   Peixes – *Saparia*
>   *Saparia* – Répteis
> [...]   Répteis – Pássaros
>   Pássaros – Mamíferos
>   Mamíferos – Macacos
>   Macacos – *Gente como nós* (ibidem, p.12)

Também se destacam as expressões idiomáticas ou frases feitas, que servem para caracterizar personagens históricos ou situações vivenciadas por eles, como mostram estas passagens:

> – Dario jurou e rejurou e bufou, como *um tigre logrado por uma raposinha.* (ibidem, p.83)

> – E um gago querer ser orador é mesmo de *dar com um gato morto em cima até que o bicho mie*, disse Pedrinho. (sobre o orador Demóstenes, ibidem, p.98)

– Alexandre *tinha o bicho carpinteiro no corpo*. Não podia parar. (ibidem, p.103)

– [...] no trono egípcio estava a célebre rainha Cleópatra, que era uma *rapariga do chifre furado*. (ibidem, p.117)

– Eram *farinha do mesmo saco*, ela e a Sanguinária. (sobre "Isabel" Stuart e Maria Stuart, rainhas da Inglaterra, ibidem, p.242)

Muitas expressões que Martins classifica como "frases feitas" constituem-se de locuções verbais que contribuem para enfatizar o sentido e dar um tom "pitoresco e popular" à linguagem de *História do mundo para as crianças*:

– Por mais que a gente *dê tratos à bola*... (ibidem, p.15)

– Quando as coisas chegaram a este ponto, o rei João cedeu – *abaixou a crista*. (ibidem, p.200)

– Queriam seguir a Bíblia e fazer o que ela manda sem que nenhuma outra pessoa, fosse papa ou não, se metesse a dizer que *é assim ou assado*. (ibidem, p.238)

– Quer dizer que acreditava que os reis governam os povos, não por vontade e no interesse dos povos, mas porque Deus lhes dá o direito de *fazer dos povos gato e sapato*. (sobre o direito divino dos reis, ibidem, p.248)

– Eram impostos de *arrancar couro e cabelo*. (ibidem, p.265)

– Sim, senhora! exclamou Pedrinho. Isso é que chama *subir morro correndo*! (sobre as conquistas de Napoleão Bonaparte, ibidem, p.271)

Algumas expressões aproximam-se dos provérbios, pois têm caráter prático e popular e, provavelmente, são conhecidos ou compreensíveis para grande número de pessoas. Destacamos algumas:

– [...] *"É de cedo que se torce o pepino"*, devia ser a divisa desse código. (sobre o código de Licurgo, ibidem, p.53)

– Que esperto, vovó! observou Pedrinho. Transformou o mau em bom, enquanto o diabo esfrega o olho! Bem se vê que era neto do pirata! (sobre a conquista da Inglaterra pelo normando Guilherme, ibidem, p.187)

– Bem diz que tia Nastácia que *o bocado não é para quem o faz e sim para quem o come!* observou Narizinho. (referindo-se às terras americanas, assim designadas por Américo Vespúcio, que desconsiderou a chegada anterior de Cristovão Colombo em tais terras, ibidem, p.222)

– Bem feito! exclamou Pedrinho. Desta vez *o feitiço virou-se contra o feiticeiro*, como diz tia Nastácia. (ibidem, p.243)

– [...] Londres, que era uma cidade de madeira, foi reconstruída com pedra. *Há males que vêm para bem.* (sobre o incêndio que destruiu Londres no século XVII, ibidem, p.250)

A clareza da linguagem presente na obra não reside, contudo, apenas no uso de termos conhecidos pelo leitor. Como vimos, a qualidade origina-se da presença equilibrada de termos tanto eruditos quanto populares. A dinâmica da narrativa lobatiana está alicerçada em determinada construção que exprime objetividade de pensamento do autor e alcança eficácia perante o leitor.

A linguagem lobatiana resulta da conjugação da língua padrão brasileira, incluindo seus vocábulos e construções coloquiais, com um nível vernacular elevado e certa intensidade afetiva. Segundo Martins (1972, p.453),

> embora sua linguagem seja bem acessível às crianças, não se pode dizer que seja uma linguagem infantil, pois nem mesmo as crianças de suas histórias empregam vocabulário ou sintaxe específicos da infância. Ao contrário, falam como todo mundo, apenas com mais graça e vibração. O que temos é uma linguagem literária que, sendo a expressão artística bem característica do escritor, está bem próxima da língua falada.

É importante ressaltar que a linguagem multifacetada (poética, humorística, enfática, didática), conforme classificação de Martins, está presente em todas as obras de Lobato. A despeito de seu conteúdo "didático", *História do mundo para as crianças* mantém um nível de linguagem elevado, evidenciando que assuntos por vezes "áridos" podem ser expressos de forma criativa. Por outras vias, acompanha, assim, a proposta de *A Child's History of the World*, ao apresentar temas históricos também de modo inovador.

Inclusão de novos dados históricos e culturais

Associações

Em *História do mundo para as crianças*, assim como em *A Child's History of the World*, encontramos diversas associações entre dados históricos e prováveis elementos conhecidos de seu leitor. Ao contrário do que fez Godofredo Rangel, mantendo em sua tradução as mesmas associações criadas por Hillyer, Lobato omite-as e insere novas. Elas são inéditas: não fazem parte do texto de Hillyer nem do texto de Rangel. Muitos elementos locais, referentes ao próprio Sítio e ao Brasil, estão presentes nessas associações. A mesma estratégia de Hillyer é, portanto, "remodelada" por Lobato, já que o leitor visado por ele está inserido em contexto diferente do pretendido pela obra norte-americana.

A única associação transcrita para *História do mundo para as crianças* refere-se a uma passagem em que a necessidade de um juiz em um jogo de bola é comparada à necessidade de Atenas em criar leis. Foi assim traduzida por Lobato:

No outro dia Dona Benta começou deste modo:
– Sempre que um bando de moleques está brincando na rua, surgem disputas terríveis. "Assim não vale!" é a frase mais repetida, porque logo se formam dois partidos e um procura lograr o outro. Torna-se necessário um juiz que decida os embrulhos. (Lobato, 1933, p.73)

Esta passagem só permanece no texto lobatiano até a 8ª edição (1942). As edições seguintes já não a trazem, é substituída por outra. Outra passagem do texto norte-americano, referente ao ostracismo, foi alterada na tradução lobatiana. A associação original deu lugar a um comentário de Emília, que faz nova associação – muito descabida – entre o termo "ostracismo" e a palavra "ostra":

– [...] Sabem o que é ostracismo?
Ninguém sabia, exceto Emília, que veio logo com uma explicação muito boba, *onde havia ostras recheadas e mais coisas*. Dona Benta ignorou o aparte da boneca e prosseguiu: [...] (idem, 1933, p.75)

A partir da 9ª edição o trecho em destaque é substituído por "onde havia uma ostra cismando num rochedo a beira-mar". Notamos, pois, que o assunto também é exaltado em *História do mundo para as crianças*, mas pela intervenção de um narratário e de uma nova associação, distanciando-se, portanto, do texto norte-americano.

São muitas as associações com referência explícita a personagens do Sítio, situações vivenciadas por eles ou relacionadas de alguma outra forma ao contexto fictício. O texto lobatiano proporciona, assim, uma intersecção de assuntos relacionados à História com uma construção artística.

O comportamento de Rabicó, por exemplo, é equiparado por Narizinho ao comportamento dos povos bárbaros, por ter entrado na horta e devorado todo o canteiro de alface. Dona Benta retruca que ele fez isso por ter bom apetite, pois se fosse vândalo entraria na sala e quebraria vasos e mobília deixando tudo revirado de pernas para o ar.

Tais associações promovem a comparação de determinados comportamentos e estruturas físicas de elementos fictícios com elementos relacionados à História. São também interessantes as passagens em que situações corriqueiras do Sítio e típicas da região rural são associadas a fatos históricos:

– Sistema de tia Nastácia com os pintinhos, observou a menina. Ela torce o pescoço de todos que não prometem bons frangos. ("sistema" comparado com a rejeição dos fracos e defeituosos pelos espartanos, idem, 1933, p.53)

– Durante a Idade Média, começou Dona Benta, a Europa encheu-se de castelos. Uma verdadeira vegetação de castelos, como há vegetação de chapéus-de-sapo em certos lugares de muito esterco. [...] (ibidem, p.174)

Outras fazem referência a acontecimentos envolvendo personagens da vila em que está localizado o Sítio e principalmente do Brasil: a cidade de Pompeia estava para Roma, segundo, Dona Benta, assim como Petrópolis está para o Rio de Janeiro; os assoalhos das casas de Pompeia, de mosaico, são comparados aos passeios da avenida Rio Branco no Rio de Janeiro; a ocupação de Maomé, tocador de camelos, é equiparada à dos tropeiros; Robin Hood, "pintava a saracura" e não era preso, como Lampião aqui no Brasil; e o Rei Ricardo da Inglaterra, devido à sua severidade e por ser citado pelas mães inglesas para colocar medo nas crianças, "virou cuca", segundo Narizinho.

Vimos que as intervenções de Pedrinho por si sós demonstram que o texto lobatiano requer certo conhecimento prévio por parte de seu leitor. Essas associações mostram que ele deve estar a par de situações próprias do contexto brasileiro. Mas o texto lobatiano também contém passagens que evidenciam como o leitor deve estar atualizado com os acontecimentos mundiais:

– [...] Mas sabem o que aconteceu a José no Egito, para onde os seus compradores o levaram como escravo? Também virou favorito, não mais do pai, mas de todos, e acabou ocupando um dos mais altos cargos do governo, talvez como hoje o de Primeiro Ministro na Inglaterra. [...] (ibidem, p.37)

[...] Ser cidadão romano era, além de grande honra, uma garantia. Tal como hoje ser cidadão americano ou inglês. [...] (ibidem, p.110)

Nas fitas de cinema há sempre um vilão – um sujeito ruim, que passa a vida a fazer ruindades e patifarias, recebendo o castigo no último ato. Também a História está cheia de vilões com coroa de rei na cabeça. Infelizmente não aparece no último ato nenhum castigo para eles. (ibidem, p.198)

Esse período da vida da Europa está cheio de descobertas. Cada dia vinha uma nova, tal qual revolução na América do Sul, hoje. (ibidem, p.225)

São notórias as referências do texto lobatiano quando se trata de associações, não só à área da ficção, mas também a elementos verídicos e locais. Tais associações, salienta-se, equiparam-se a comparações com o efeito de facilitar a compreensão do que é apresentado ao leitor e colaboram para que sejam memorizadas por ele. Por um lado, elas se assemelham às associações também promovidas por Hillyer em *A Child's History of the World* e traduzidas por Rangel em *Pequena história do mundo para crianças*. Por outro lado, enquanto as associações da obra norte-americana falam de acontecimentos muito próximos do leitor, as associações no texto lobatiano referem-se a contextos diversos, desde o fictício até o local e mesmo mundial. Além disso, as associações na obra lobatiana são em muito maior número, como podemos constatar.

Apelando para a área da ficção, as associações não se restringem ao contexto apenas criado por Lobato. Há interessante passagem em que uma personagem real e histórica é comparada a uma personagem criada pelo escritor Lewis Carroll – a rainha inglesa Maria Tudor, também conhecida como Maria, a Sanguinária, é comparada àquela rainha do livro Alice no País das Maravilhas, que volta e meia gritava: "Cortem-lhe a cabeça!"

Elementos do cotidiano também estão presentes em muitas associações. Em geral sua presença elucida, pelo aspecto visual, situações que estão sendo expostas para os narratários e, consequentemente, para o leitor do texto lobatiano:

> Lá pelo ano 500, continuou Dona Benta, a Europa ficou tal qual uma cidade que tivesse sofrido desarranjo na iluminação pública. Estava completamente às escuras. (ibidem, p.147)

> – E que aconteceu com o segundo Império Romano, ressuscitado por Carlos Magno? perguntou o menino.
> – Ah, levou a breca logo que o grande imperador morreu. Não foi encontrado nenhum outro homem que tivesse as suas qualidades e pudesse continuar a sua obra.
> – Vaso quebrado e remendado com cola-tudo é assim mesmo, vovó, observou Narizinho. (ibidem, p.168)

Assim como a linguagem coloquial, presente no texto lobatiano, aproxima o leitor, as associações visam ao mesmo fim. Situações corriqueiras, que fazem parte do ciclo da vida, servem para elucidar episódios geopolíticos relacionados com a história moderna:

– Os impérios então morrem, como gente, vovó? perguntou Pedrinho.
– Morrem dum modo especial. A maior parte dos países modernos – a Inglaterra, a Alemanha, a Espanha, a Itália, Portugal etc. são pedaços do Império Romano que ficaram autônomos e tomaram o seu caminho na vida. (ibidem, p.139)

Vemos assim que um dos recursos mais utilizados por Hillyer em *A Child's History of the World* também está presente na adaptação de Lobato. Porém em *História do mundo para as crianças* encontramos novas associações, mais apropriadas ao leitor brasileiro. Relacionadas ao contexto local, elas tornam o texto ainda mais elucidativo. Já as que fazem referência ao Sítio e suas personagens, apelando para elementos familiares ao leitor lobatiano, também dinamizam ainda mais a narrativa. E as demais, relativas a acontecimentos de alcance mundial, por exemplo, demonstram o nível almejado para o leitor de uma obra como essa, que deveria ser bem atualizado e estar atento a fatos sociais.

Há ainda outras passagens relativas a certos elementos nacionais e passagens da história do Brasil. Tais substituições tornam o texto traduzido mais apropriado ao leitor a quem ele se destina, inserido em realidade diferente do leitor almejado pelo livro norte-americano.

O texto de Hillyer, por exemplo, cita a forma peculiar pela qual os escoteiros conseguem fazer fogo, esfregando dois pauzinhos. No texto lobatiano a "técnica" é atribuída aos índios. Dona Benta, ao tratar da importância das evidências materiais para as suposições científicas, deixa de citar "pegadas na neve", concebidas como um tipo de evidência material, para mencionar "pegadas na lama".

Em outras passagens há apenas a inserção de informações que dizem respeito ao Brasil e, portanto, não fazem parte do original norte--americano. Apesar de focalizar apenas fatos locais (nacionais) não ser o objetivo do livro de Lobato, como também não o era da obra de

Hillyer, alguns dados do tipo são apresentados; eles são importantes por promover uma articulação entre fatos da história mundial com a história nacional, como demonstram estas citações:

– Tinham lá os seus processos – e processos tão bons que muitas múmias, isto é, cadáveres embalsamados, chegaram até nós e figuram nos grandes museus da Europa e da América. No Museu Nacional, no Rio de Janeiro, há algumas, obtidas pelo Imperador D. Pedro II. [...] (ibidem, p.29)

– [...] Quem fez o aqueduto do Rio de Janeiro foi o rei D. João VI, que era português. Hoje está abandonado, porque a cidade cresceu muito e as canalizações usadas são as de ferro. Mas o aqueduto que conduzia água do Corcovado à Fonte da Carioca serve para mostrar como os romanos trabalhavam. (ibidem, p.112)[5]

– [...] Até eu sou produtora de café. O ano passado vendi 460 arrobas, que nesse momento estão... Onde estarão? Em que país estará sendo bebido o meu cafezinho do ano passado?
– Quem sabe se na Arábia, vovó! sugeriu Pedrinho.
– Pode ser. Como também pode ser que o nosso bom governo o esteja queimando lá em Santos... (ibidem, p.161)

Aqui no Brasil também tínhamos este cancro da escravidão – e por vergonha nossa fomos o último país do mundo a acabar com ele. Quem assinou o decreto de 13 de Maio de 1888, que dava a liberdade a todos os escravos no Brasil, foi a Princesa Isabel, filha do grande imperador Pedro II. Isabel fez isso durante a ausência de seu pai, que se achava a passeio na Europa. Por esse motivo entrou na História com o nome de Isabel, a Redentora, isto é, a Libertadora. (ibidem, p.283)

Vimos que Rangel também mostrou preocupação semelhante ao adaptar *A Child's History of the World*. Contudo, as referências que faz ao contexto brasileiro são outras, diferentes das articuladas por

---

5 A partir da 9ª edição (1943) a responsabilidade por essa construção é atribuída ao Conde dos Arcos, e não ao rei D. João VI.

Lobato em *História do mundo para as crianças*. Ambos demonstram assim sua preocupação em remodelar a obra norte-americana para o leitor brasileiro, mesmo que tenham trilhado caminhos distintos.

Composição gráfica – títulos e ilustrações

Assim como o texto lobatiano não mantém as sugestões de memorização de alguns dados históricos (nomes, datas, locais) cuidadosamente oferecidas em *A Child's History of the World*, também não apresenta uma composição gráfica tão "sofisticada" quanto a da obra norte-americana. Somente os "passos" da criação da Terra e dos seres que a habitam estão presentes em *História do mundo para as crianças*, com alguns termos alterados, conforme já vimos. Todos os demais exemplos citados acerca das inovações gráficas e visuais na obra de Hillyer estão ausentes na tradução lobatiana.

O mesmo ocorre com os títulos e ilustrações: enquanto na obra norte-americana eles são utilizados como forma de despertar o interesse em seus destinatários, por composições criativas e inusitadas, na obra lobatiana tais recursos não são utilizados. Os títulos presentes em *História do mundo para as crianças* são diretos e explícitos, como mostra esta relação comparativa entre alguns títulos dos dois livros:

	Hillyer	Lobato
capítulo 2	Umfa-Umfa and Itchy-Scratchy	No tempo das cavernas
capítulo 3	Fire!Fire!!Fire!!!	O fogo!
capítulo 6	The puzzle-writers	Os hieróglifos
capítulo 8	A rich land where there was no money	A Assíria
capítulo 22	Rome kicks out her kings	Roma acaba com os reis
capítulo 59	A sailor who found a New World	As descobertas (capítulo 58)
capítulo 68	Red Cap and Red Heels	Os Luízes (capítulo 66)
capítulo 70	A prince who ran away	Frederico, o Grande (capítulo 68)
capítulo 74	From Pan and his pipes to the phonograph	Um pouco de música (capítulo 72)
capítulo 79	Yesterday, today and tomorrow	Fim (capítulo 78)

Como podemos perceber, alguns capítulos da obra lobatiana não correspondem à mesma numeração da norte-americana. Isso ocorre porque, conforme já dissemos, Lobato não traduziu o capítulo 53 (*Bibles made of stone and glass*), nem o capítulo 66 (*James the servant; or, What's in a name?*) O primeiro refere-se às igrejas góticas e o segundo trata do reinado de James Stuart na Inglaterra. Além disso, o capítulo 75 (*The daily papers of 1854-1865*) foi desmembrado em dois, correspondendo aos capítulos 73 e 74 da tradução lobatiana, respectivamente intitulados *A dama da lâmpada* e *Lincoln e a Princesa Isabel*.

Aquela figura singular sempre presente no livro de Hillyer, em geral colocada no fim dos capítulos próximo a uma data significativa, não está presente na adaptação de Lobato. Apenas ilustrações convencionais, de alguns personagens históricos ou cenas do que é relatado no capítulo, estão presentes em *História do mundo para as crianças*.

Apesar de a tradução de Lobato não acompanhar as estratégias criativas propostas por Hillyer, sua estrutura é igualmente inovadora. A narrativa histórica apresentada ganha dinâmica peculiar pela atuação da personagem-narradora, Dona Benta, e dos narratários, Pedrinho, Narizinho e Emília. Aliam-se assim dois universos distintos, o ficcional e o histórico-científico, criando oportunidades críticas e de reflexão para o leitor, que embora não seja conduzido para determinada direção, conforme determinada visão histórica, é levado a questionamentos sobre esta por algumas intervenções dos narratários. Assim, deixa de ser uma narrativa monológica, em que apenas uma voz e, consequentemente, uma única opinião é ouvida, para dar vazão a outras vozes e outros pareceres. Uma pequena abertura para a reflexão crítica do leitor se faz, então, presente.

Conceito de história

O conceito de história difundido pela tradução lobatiana está muito próximo do conceito presente em *A Child's History of the World*. Apesar da estrutura especial criada por Lobato, não devemos nos enganar: ele compartilha com Hillyer muitos dos pontos levantados que configuram uma concepção positivista e tradicional da História.

Logo no início de História do mundo para as crianças há uma passagem que faz referência à importância dos dados e à observação destes para que haja uma conclusão histórica. Dona Benta afirma que há dois tipos de saber: um, que advém do contato sensorial com as coisas; outro, que ocorre por meio da imaginação ou adivinhação. As adivinhações são de duas espécies: podem ocorrer sem base, sem indício algum, e que se resolvem por uma questão de sorte (por exemplo, adivinhar em qual mão fechada alguém guarda uma moeda), ou dependem da aplicação do senso comum diante de certos vestígios (por exemplo, marcas de sapatos na lama indicam que pessoas passaram por ali).

Assim como no texto de Hillyer, encontramos na tradução explicação muito oportuna e pertinente sobre como e em que bases deve ocorrer o raciocínio histórico. Também alguns pontos do chamado "paradigma tradicional", elaborado por Burke e apresentado anteriormente, direcionam a narrativa de *História do mundo para as crianças*. Sua leitura demonstra uma preferência pela narração dos chamados "grandes acontecimentos", preferencialmente guerras, ou que envolvam "grandes personagens", considerados verdadeiros "heróis" pela atuação e pelos valores com eles relacionados. Dessa forma, as guerras são apresentadas como os principais acontecimentos de todos os povos e graças a elas as nações nascem e morrem. Alexandre, o Grande, é qualificado como "único", comparado a Amundsem (explorador dos polos), e alcançou esse título por ser o "senhor" de todo o mundo civilizado. George Washington é destacado pela retidão de caráter e por ter sido "Grande general, grande patriota e grande presidente" (Lobato, 1933, p.262).

Evidenciam-se assim de forma conjugada os três primeiros pontos desse paradigma, já que de tal ponto de vista a história constitui-se de uma narrativa composta preferencialmente por acontecimentos políticos, que são desencadeados pela ação de homens "especiais", responsáveis por ações consideradas "grandiosas".

Outro item do modelo esboçado por Burke faz-se presente na tradução lobatiana e diz respeito a certa exacerbação de evidências escritas. Por isso, encontramos na obra o mesmo ponto de vista apresentado por *A Child's History of the World* acerca do chamado período "pré-histórico", protagonizado por seres humanos organizados de modo muito diferente ao do período posterior a ele, considerado civilizado:

> Eram puros animais selvagens, dos mais ferozes e brutos. Diferença única: andavam sobre dois pés. Fora daí, peludos como os lobos e cruéis como todas as feras. Não dormiam em casas. Quando a noite vinha, o chão lhes servia de cama. Mais tarde o frio os obrigou a morarem em cavernas de pedra, onde estavam mais abrigados dos rigores do tempo e da sanha de outros animais. Homens, mulheres e crianças eram, pois, simples bichos de cavernas. (ibidem, p.14)

> – [...] E tudo comiam cru, pois que o fogo ainda não fora descoberto. Deviam ser duma ferocidade sem par. (ibidem)

> [...] – Horríveis e desagradabilíssimos, esses nossos antepassados! O meio de conseguir mulher não era fazendo a corte a uma rapariga e por fim pedindo-a em casamento aos pais. Nada disso. O pretendente marcava na caverna próxima uma que lhe agradasse e de repente entrava lá de cacete em punho, amassava a cabeça da menina, ou dos pais, caso a defendessem, e a levava sem sentidos, arrastada pelos cabelos. Uma pura caçada. (ibidem, p.15)

Verifica-se, como ocorre no texto de Hillyer, uma tendência a apontar uma escalada "progressista" inerente ao processo histórico. O desenrolar dos fatos históricos coincidiria, assim, com um avanço tecnológico e moral, o que justificaria considerar os antepassados pré-históricos "selvagens" e o homem do século XX "civilizado". Nessa escalada progressista, o saber é um item altamente valorizado na obra de Lobato e períodos como a Idade Média são criticados, assim como ocorre na obra de Hillyer e na tradução de Rangel. Contudo, esta é uma das particularidades do ponto de vista lobatiano que merece ser assinalada: o conceito de civilização, assim como em Hillyer e em Rangel, está intimamente relacionado à estrutura material e moral da sociedade, mas, diferentemente do que ocorre na obra desses autores, há também uma supervalorização da estrutura educativa (exaltação do saber) e moral, sem a manifestação de preferências religiosas; ou seja, a obra lobatiana ressalta sobretudo a importância da educação formal para a manutenção de certa estrutura social (civilização) e de certos valores morais, sem demonstrar adesão ao cristianismo como ocorre nas demais obras aqui já tratadas.

Encontramos na tradução de Lobato uma ênfase maior, por exemplo, na concepção da Idade Média como período de estagnação cultural e a crença de que o saber é vital para o desenvolvimento da sociedade, como mostram estas passagens:

– Por que chamam Idade Escura à Idade Média, vovó? perguntou Pedrinho.

– Por que durante todo esse tempo os bárbaros e ignorantes teutões, gente que nem ler e escrever sabia, governaram a Europa – dominando povos que eram educados e haviam atingido uma alta civilização, como o grego e o romano. Imaginem vocês o estado a que ficaria uma grande escola superior, uma grande universidade, se fosse governada de maneira despótica por um bando de índios bororos. Assim foi com a civilização do mundo durante cinco séculos.

Os bárbaros, porém, tinham inteligência e grandes qualidades naturais. Só não tinham cultura ou educação. Foram-se educando. Foram abandonando os seus deuses, tornaram-se cristãos e por fim viraram esses grandes povos modernos que hoje mandam no mundo. (ibidem, p.146)

– [...] A Europa estava o que pode estar uma terra onde só a valentia vale, porque os bárbaros que destruíram o Império Romano só queriam saber de valentias. A ignorância tornou-se pavorosa – e a ignorância, como vocês sabem, trás consigo todos os males. A pior coisa do mundo é não saber. E eles não sabiam nada, porque não estudavam, não liam e nem sequer sabiam o que era preciso saber. Por causa dessa ignorância grossa como couro de boi os séculos da Idade Média ficaram os mais feios e inúteis da História. (ibidem, p.150)

Notamos nestas citações que o conceito de civilização implica a divulgação e valorização da cultura e de uma educação aprimorada. O progresso também se confunde com esse processo.

Contrário a esse estágio tão desenvolvido, além da ignorância de certas práticas, como ler e escrever, está a violência e a supervalorização da força física. Os "males do mundo", como se afirma em uma das passagens, originam-se na ignorância e, portanto, o progresso material e científico seria a garantia de uma sociedade bem ajustada, harmoniosa e "feliz".

A contraposição entre barbárie e civilização é igualmente explorada por Hillyer e também está presente na tradução de Rangel. Todavia, além de relacionar cultura e progresso material com o conceito de civilização, os textos dos dois autores embasam tal conceito em determinada prática religiosa. Como vimos ao analisar a obra de Hillyer, são vários os momentos em que ele faz referência ao cristianismo, exaltando os valores pregados por este. Há passagens que revelam ser o leitor visado por ele, assim como por Rangel, adepto desta fé cristã. Já em *História do mundo para as crianças* não encontramos tal determinação dirigida ao leitor. A visão histórica apresentada por ela é "menos cristã" se comparada à das obras de Hillyer e Rangel, conforme podemos notar nestes exemplos:

> [...] *Moses wanted to get the Jews out of this unfriendly country where the people worshiped false gods. And so at last he led all his people out of Egypt across the Red Sea. This was called the Exodus, and it took place about 1300. B.C.* [...]
> [...] *And at last he succeeded in making them worship God again and gave them the Ten Commandments for their rule of life.* (Hillyer, 1924, p.53-4)

> [...] Moisés resolveu fazer o seu povo sair daquele país inimigo, cujos habitantes adoravam deuses falsos; e, pondo em prática essa idéia, tirou-o do Egito, fazendo-o atravessar o Mar Vermelho. Esta retirada ficou se chamando Êxodo, e aconteceu por volta do ano de 1300 a. C.
> [...] Separando-se aí de seu povo, Moisés subiu, só, ao alto desse monte, para que Deus lhe dissesse as regras de acordo com as quais os judeus deviam proceder. Passou quarenta dias rezando no alto do Monte Sinai. Quando desceu para se encontrar com seus companheiros, levava consigo as tábuas dos Dez Mandamentos, os mesmos Dez Mandamentos que você aprendeu na aula de catecismo. (Hillyer, 1967, p.38)

– Atravessaram o Mar Vermelho – e a lenda diz que as águas se abriram à sua passagem. [...] Quando desceu, trazia as Tábuas da Lei, isto é duas tábuas onde escrevera dez regras de vida chamadas os Dez Mandamentos da Lei de Deus. (Lobato, 1933, p.38)

Neste trecho, que se refere à passagem do Mar Vermelho pelos hebreus quando fugiam dos egípcios, percebemos certa incredulidade em relação ao fato por causa do uso da expressão "e a lenda diz"; além disso, a frase seguinte leva-nos a pensar que quem escreveu os Dez Mandamentos foi Moisés e não Deus, como dão a entender os textos de Hillyer e Rangel. Os fatos, no texto de Lobato, são assim apresentados de modo bastante resumido, cético e racional, sem a intromissão de nenhuma explicação de fundo religioso. É claro também que a tradução de Rangel se aproxima da obra de Hillyer, comungando com ele dos mesmos princípios religiosos e dirigindo-se a seu leitor como um cristão ativo.

No texto de Lobato, porém, a situação é um tanto diferente. A personagem Dona Benta em nenhum momento mostra-se seguidora de tal religião e tampouco se dirige aos destinatários da narrativa – tanto os fictícios, representados pelos narratários, quanto os reais, os leitores a quem o livro se destina – como se fossem cristãos, o que já se nota na citação anterior, quando ela não faz nenhuma referência desse tipo, como ocorre no texto de Rangel e também em outros momentos, como nesta passagem: "– [...] A história deste povo acha-se escrita num livro que, com o nome de Velho Testamento, faz parte da Bíblia – o Livro Sagrado dos povos cristãos" (ibidem, p.39).

Ela trata os cristãos de forma distanciada, sem vincular seus destinatários à prática religiosa. Em outro momento a mesma personagem refere-se ainda ao cristianismo com certa criticidade, ao compará-lo com a religião grega. Segundo ela, a religião grega afasta-se da dos hebreus e egípcios por que era alegre e poética.

A afirmação leva-nos a pensar que a religião grega detinha tais qualidades provavelmente pela interação direta que os homens acreditavam ter com os deuses que adoravam. Nas obras de Hillyer e Rangel não encontramos nenhum comentário semelhante; ao contrário, ambos apresentam um ponto de vista sugerindo que a conduta dos cristãos em relação a Deus é superior àquela que os gregos tinham com seus vários deuses.

Outra particularidade que distancia o texto de Lobato da obra de Hillyer e de Rangel refere-se ao reconhecimento em alguns momentos da parcialidade da visão eurocêntrica apresentada pelos textos. Apesar de a narrativa lobatiana dar preferência para essa perspectiva histórica, assim como ocorre em *A Child's History of the World* e *Pequena história do mundo para crianças*, também não deixa de apresentar momentos em que ficam evidentes as limitações de tal ponto de vista.

No capítulo XX de *História do mundo para as crianças*, por exemplo, indianos, chineses e japoneses não são chamados de "pagãos" e "gentios" como em Hillyer e em Rangel. No texto de Lobato, ao contrário, não é feita nenhuma referência semelhante e eles ainda são qualificados como povos muito importantes.

Também no capítulo XLIII, os muçulmanos são apresentados de modo mais condescendente que no texto de Hillyer e de Rangel. Não há nenhum comentário que demonstre surpresa ou receio sobre a hipótese de o número de muçulmanos ultrapassar o de cristãos espalhados pelo mundo, como ocorre nas outras duas obras. O texto lobatiano preocupa-se mais em exaltar as invenções feitas por eles e aventa uma possibilidade que não está presente nos textos anteriores: se os árabes tivessem conquistado o mundo, talvez hoje não houvesse o vício de beber, que segundo Dona Benta causa muitos males à humanidade.

Em relação à conquista da América, também novas referências são feitas. Cristóvão Colombo, por exemplo, é exaltado por não promover a destruição como outros personagens históricos fizeram em situação semelhante. Somente na obra lobatiana ele é ovacionado pelas personagens pelo seu espírito criador.

Esta reação endossa a presença do espírito crítico no texto sobre a violência que acompanha a narrativa, fato já discutido. Pelos comentários das personagens, percebemos claramente que elas estão mais interessadas em atitudes não violentas que expressem valores como coragem, audácia e honestidade.

No capítulo LX, encontramos outra observação interessante acerca desse período de conquistas. A obra norte-americana (e também a tradução de Rangel) afirma que os espanhóis eram "superiores tecnologicamente" em relação aos habitantes da América, justificando de forma simplificada a dominação destes pelos invasores europeus. O texto de Lobato já aponta outro fator que contribuiu para tal desfecho, ou seja, a sagacidade utilizada pelos espanhóis para enganar os índios de modo a facilitar ainda mais a "aproximação" deles com estes povos:

> Com Soto aconteceu um incidente curioso. Os espanhóis que o acompanhavam haviam dito aos índios que Soto era um deus imortal. Em vista disso, quando o falso deus morreu, eles o enterraram de noite, às escondidas, dizendo aos índios, no dia seguinte, que Soto havia partido para o céu donde logo voltaria.
> – E os índios acreditaram?
> – Certo que sim. Os espanhóis tinham mais inteligência do que eles e com facilidade os empulhavam. (ibidem, p.229)

Na 6ª edição este trecho foi suprimido, provavelmente pela última frase, que exprime certo preconceito em relação aos índios. Como as diferenças culturais não são levadas em consideração de forma devida, transmite-se uma visão muito parcial do assunto abordado. Com a exclusão, o texto fica, diríamos, menos "comprometido".

Ainda no mesmo capítulo há uma observação muito importante, feita por Dona Benta, que deixa evidente para o leitor a parcialidade da narrativa histórica apresentada, qualidade, aliás, inerente a qualquer obra do gênero:

> – A conquista da América pelos europeus foi uma tragédia sangrenta. A ferro e fogo, era a divisa dos cristianizadores. Mataram à vontade, destruíram tudo e levaram todo o ouro que havia. [...]
> – Mas, que diferença, vovó, há entre estes homens e aquele Átila, ou aquele Gêngis Khan que marchou para o Ocidente com os terríveis tártaros, matando, arrasando e saqueando tudo?
> – A diferença única é que a História é escrita pelos ocidentais e por isso torcida a nosso favor. Vem daí considerarmos como feras aos tártaros

de Gêngis Khan e como heróis, com monumentos em toda parte, aos célebres "conquistadores" brancos. A verdade, porém, manda dizer que tanto uns como outros nunca passaram de monstros feitos da mesmíssima massa, na mesmíssima forma. Gêngis Khan construiu pirâmides enormes de cabeças cortadas dos prisioneiros. Vasco da Gama cortou as orelhas de toda a tripulação dos navios árabes apanhados na Índia. Uma coisa vale a outra. (idem, 1938, p.231)

É notável a lucidez presente neste trecho ao admitir que a História, a chamada "história oficial", é de certa forma enganadora porque apresenta os fatos segundo o ponto de vista exclusivo dos chamados vencedores, aqueles que têm suas iniciativas justificadas pela História. Equivocadamente somos levados a emitir certos juízos de valor, impregnados de uma visão restrita a nossos próprios interesses e valores.

Lobato tenta alertar seu leitor para tanto, mesmo que anteriormente tenha caído na "armadilha" ao apresentar o homem pré-histórico de forma bastante preconceituosa, por exemplo. Todavia, não podemos deixar de notar que ainda assim seu texto oferece ao leitor certos momentos de reflexão e de reavaliação de alguns valores e conceitos, pregados como certos e definitivos, tanto nas obras de Hillyer quanto nas de Rangel.

O ponto de vista histórico que permeia a obra lobatiana reflete-se no conceito de "herói" que difunde. Já examinamos o conceito presente na obra de Hillyer. Vimos como são exaltados os personagens históricos considerados como tais, que podem servir de "modelo" para o destinatário. Eles representam determinados valores, mesmo que usem a força física, que refletem o modo de vida ocidental e principalmente europeu. Na obra de Lobato muitos personagens históricos são igualmente exaltados, mas a força física não é valorizada em nenhum momento. Ao contrário, a violência é uma das práticas mais criticadas no decorrer da obra, mesmo que em alguns momentos seja considerada inevitável. Também notamos insistência maior na valorização do saber e da justiça, recebendo mais atenção aqueles que se dedicaram à educação, mesmo que se tenham envolvido em muitas guerras, como é o caso de Carlos Magno.

Este modelo de "herói" de certo modo está atrelado ao modelo de leitor, ao leitor implícito presente nas diferentes obras. Podemos diferenciá-los de acordo com os sinais oferecidos pelo próprio texto sobre este leitor, conforme já comentamos algumas vezes. A obra de Hillyer apresenta o seu destinatário como pertencente à raça branca, de origem ocidental, conhecedor da religião cristã, portador de certa cultura e é tratado como um "aluno" que deve ser formado sob certos padrões ocidentais e norte-americanos.

Já o leitor para quem se dirige o texto de Lobato, apesar de "branco e ocidental", não aparenta ter religião definida (aliás, o texto mal faz referência a essa "característica", como ocorre no texto de Hillyer e Rangel), deve ser muito bem informado sobre os acontecimentos do mundo, ter algum conhecimento sobre assuntos relacionados à política e é conduzido por um caminho mais "tortuoso", com mais perspectivas do que nas obras de Hillyer e Rangel. A própria estrutura do texto, calcada em comentários e intervenções variadas, favorece a exploração de determinados assuntos de maneira mais aberta, que proporciona reflexão pelo leitor. Certas qualidades expressas pelos comentários dos narratários também implicam o perfil ansiado para o leitor dela: espírito observador e reflexivo, altamente questionador dos acontecimentos históricos, que não se deixa conduzir pela conformidade ou apatia.

Isso não significa que o texto lobatiano não objetive instruir o seu leitor, conduzindo-o a determinado ponto de vista histórico. Ele assim o faz, porém utilizando outras estratégias e sugerindo críticas à visão histórica presente em *A Child's History of the World*. A adaptação do texto, graças a Lobato, não se consumou apenas na transcrição de certos dados e inclusão de outros para aproximá-lo, de forma mínima possível, do leitor brasileiro, como fez Rangel em *Pequena história do mundo para crianças*. O texto lobatiano parece ser "inspirado" pelo texto de Hillyer, mas não é totalmente conduzido por ele. Há passagens em que os dois autores compactuam do mesmo ponto de vista e estes estão presentes na obra de ambos; todavia, Lobato não se deixou intimidar por passagens que em sua obra sofreram alterações, deixando assim prevalecer "seu" ponto de vista e não o de Hillyer. É possível imaginar que o autor brasileiro poderia produzir uma obra do gênero. Talvez por alguma coincidência de pensamento ou mesmo uma questão de "praticidade", ele optou pela adaptação. Entretanto, mesmo apontando a fonte em que se inspirou, algumas de suas marcas estão muito bem impressas em *História do mundo para as crianças*: criatividade e criticidade.

Comentários sobre a tradução de Monteiro Lobato diante da tradução de Godofredo Rangel

Já examinamos algumas modificações na adaptação de Godofredo Rangel de *A Child's History of the World*. Constatamos que aí, assim como na adaptação lobatiana, não há prefácio, introdução, nem muitas ilustrações originais e estratégias visuais presentes na obra de V. M. Hillyer. No entanto, ao contrário da obra lobatiana, Rangel mantém os relatos em primeira pessoa, as estratégias de memorização e as associações de *A Child's History of the World*. Porém, o que mais diferencia a adaptação *Pequena história do mundo para crianças* de *História do mundo para as crianças* é a sua estrutura, que se distancia da forma lúdica e criativa proposta por Hillyer e não alcança um nível de recriação tão inventivo como o alcançado por Lobato. Também há pontos de desencontro entre o conceito de história explorado por tais obras, conforme vimos no tópico anterior.

Enquanto a adaptação lobatiana apresenta uma estruturada dialógica, calcada em comentários diversos, a adaptação de Rangel resume--se a comentários feitos unicamente pelo narrador, que monopoliza a narrativa, e centraliza-se em um único ponto de vista. As referências ao contexto brasileiro e a acontecimentos históricos contemporâneos também não surtem o mesmo efeito que a estratégia alcança na obra lobatiana, em parte porque requerem certo conhecimento do leitor, mas não lhe oferecem subsídios (como ocorre em alguns momentos de *História do mundo para as crianças*) para ficar a par dos comentários proferidos.

A avalanche de dados históricos acrescidos pela adaptação de Rangel é contraditória até mesmo com a imagem de leitor que ele constrói pelos vocativos diminutivos: *leitorzinho, amiguinho, pequenino leitor*. Como sublinha Martins (1972, p.94), Rangel "abusou dos diminutivos leitorzinho, amiguinho. Ora, um menino que já se interessa por História universal sente-se até insultado com tais diminutivos". O recurso, que beira a pieguice, refere-se a um leitor com formação mínima e, portanto, não deve estar tão bem informado como requer Rangel em determinados momentos. Ressaltemos que o autor usa uma linguagem coloquial, constituída por termos como "velhaquear", "fanfarronar", "tempo quente". Ainda assim, o resultado final está aquém do alcançado por Lobato. Exaltando a linguagem "clara, graciosa, pitoresca e dinâmica, de uma simplicidade sedutora" adotada por este último, Martins chega a propor esta interessante comparação:

> A atração de sua linguagem pode-se comprovar dando aos jovens as duas versões da *História do mundo para as crianças* de Hillyer: a de Lobato e a de Godofredo Rangel. Não será necessário lerem muitos capítulos para que sintam quanto a primeira é mais agradável e atraente, mais vigorosa e palpitante que a segunda. (ibidem, p.451)

As traduções de Rangel e de Lobato são recriações que refletem os objetivos e as estratégias diferenciadas almejadas por cada um dos escritores brasileiros. Rangel aproveitou-se de uma obra didática norte-americana para produzir um texto também didático, "introdutório", sobre a história "universal" para um leitor infantil brasileiro. "Apenas" não teve o mesmo cuidado que o autor original para manter certas estratégias bastante criativas e eficientes para alcançar tamanho objetivo.

Já Lobato, "inspirado" pela mesma obra norte-americana, também se distanciou da maior parte das estratégias nela presentes. Inseriu o curso da narrativa original em um contexto fictício, alterando de modo significativo sua forma. Mesmo assim manteve, por uma ou outra estrutura, graças à presença dos narratários e do uso de uma retórica original, uma narrativa que pende para o didático, sem contudo tornar-se incompreensível ou enfadonha.

O texto de *História do mundo para as crianças* privilegia a informação histórica, apresentada mediante estratégias comunicativas originais e acompanhada, às vezes, de uma visão reflexiva de certos valores tradicionais. É uma recriação, portanto, de nível bem diferenciado daquela de Godofredo Rangel, que desprezou estratégias importantes presentes no original e não apresentou alternativas para elas. Ele tentou afastar-se do original, mas não alcançou o objetivo com tanto êxito quanto ocorre no texto de Lobato.

Alterações sofridas pela tradução lobatiana da 2ª edição (1934) à 11ª edição (1947)

Monteiro Lobato costumava revisar suas obras a cada nova edição. É esperado, portanto, encontrar algumas alterações nas edições posteriores a 1933, ano do lançamento de *História do mundo para as crianças*. Ela foi editada pela Companhia Editora Nacional até 1943 e depois incorporada à coleção das Obras Completas de Monteiro Lobato, da Editora Brasiliense, conforme mostra a relação a seguir:

- 1ª edição: Cia. Editora Nacional, 1933
- 2ª edição: Cia. Editora Nacional, 1934
- 3ª edição: Cia. Editora Nacional, 1934
- 4ª edição: Cia. Editora Nacional, 1935
- 5ª edição: Cia. Editora Nacional, 1936
- 6ª edição: Cia. Editora Nacional, 1938
- 7ª edição: Cia. Editora Nacional, 1940
- 8ª edição: Cia. Editora Nacional, 1942
- 9ª edição: Cia. Editora Nacional, 1943
- Obras Completas: Editora Brasiliense, 1947 (Col. literatura infantil, v.4)
- Edição centenário: Editora Brasiliense, 1982

Foram analisadas as 2ª, 6ª, 8ª, 9ª e 11ª edições desta obra. Não houve modificação de nenhum tipo entre a 6ª e a 8ª edições. As alterações encontradas na 2ª, 6ª, 9ª e 11ª edições mostram que as revisões por que passou *História do mundo para as crianças*, no decorrer de 1934 a 1947, basearam-se em três pontos principais: simplificação e aperfeiçoamento da linguagem, inserção de novos acontecimentos mundiais (atualização de conteúdo) e acentuação de momentos reflexivos e questionadores.

Em relação à linguagem, notamos que alguns termos são substituídos, como na 2ª edição, quando se afirma "[...] onde Mozart dormia o sono eterno" (Lobato, 1934, p.276) e não "derradeiro", como na 1ª edição. Na 6ª edição, a passagem "[...] e tantas outras de que a história está cheia" (idem, 1933, p.167), da 1ª edição, é substituída por "que a história menciona" (idem, 1938, p.151). A 9ª edição é a que apresenta maior número de alterações de linguagem, que expressam aprimoramento do texto, como mostram as passagens:

1ª edição (1933)	9ª edição (1943)
– "Li na *História do Brasil*" (p.18)	– "num livro" (p.17)
– "Em que deus *criam?*" (p.51)	– "acreditavam" (p.42)
– "O *match* ia continuar" (p.82)	– "jogo" (p.76)
– "*O sistema* da esquadra" (p.107)	– "A tática" (p.97)
– "Os romanos tinham *muito espírito prático*" (p.110)	– "espírito de organização" (p.101)
– "Foi quem *inventou* o cinema" (p.290)	– "aperfeiçoou" (p.273)

As modificações, tanto em relação à forma quanto ao conteúdo da obra, confirmam a fórmula criada por Lobato para tal adaptação, desde sua 1ª edição. A visão histórica apresentada não sofre desvios, mas a oposição em relação às guerras e a exaltação do saber e do progresso (técnico, jurídico e de costumes) são ainda mais ressaltadas. A inclusão de novos acontecimentos, mais recentes, como a Segunda Guerra Mundial, serve para confirmar tal ponto de vista. Encontramos, por exemplo, uma interessante modificação no último parágrafo do capítulo XLIX, substituído pelo trecho apresentado na 2ª edição:

> Narizinho não admitia que se caçasse coisa nenhuma, nem mosca; por isso, cada vez que ouvia contar de caçadas, punha-se toda vermelhinha e revoltada lá por dentro. Naquela noite, depois que Dona Benta recolheu, a menina ficou uma porção de tempo pensativa, a lembrar-se dos milhares de pombinhos e lebres que os falcões haviam estraçalhado para divertimento das damas antigas. "Umas burras!" seria o seu comentário, se alguém lhe perguntasse a sua opinião a respeito de tais damas. (idem, 1933, p.183)

– Hum, hum! fez Emília.
– Hum, hum, por que? indagou Pedrinho.
– Estou me admirando da importância que os homens dão à valentia. Gostam desse esporte porque é mais perigoso. Hum, hum!....
– Os homens, disse Dona Benta, ainda estão muito próximos da barbárie primitiva. Isso explica o valor que ainda dão à coragem física. (idem, 1934, p.183)

Percebe-se que a opinião isolada de Narizinho é substituída por um comentário mais incisivo por parte da personagem Emília e completado pelo parecer de Dona Benta. Ela aproxima a prática da violência de tentativas de demonstração de coragem que ainda afetariam a humanidade. A violência, como vimos, entre outros temas, é um dos mais enfocados pela obra.

Na 6ª edição, os termos "feras" e "heróis" são destacados na seguinte passagem, que já fazia parte do texto desde a 1ª edição de *História do mundo para as crianças*:

– A diferença única é que a História é escrita pelos ocidentais e por isso torcida a nosso favor. Vem daí considerarmos como *feras* aos tártaros de Gêngis Khan e como *heróis*, com monumentos em toda a parte, aos célebres "conquistadores" brancos. (idem, 1938, p.211)

A observação adquire nessa edição, pelo destaque dado aos termos, certo relevo e alerta o leitor para a parcialidade inerente à narrativa histórica. Novamente nota-se que a obra, ao mesmo tempo em que se dirige na maior parte das vezes para uma visão tradicional da história, em determinados momentos suscita críticas e reflexões como a anteriormente citada.

Nessa edição também localizamos algumas "substituições" que alteram o sentido do texto conhecido por nós. Logo no início do capítulo LI, por exemplo, que trata das cruzadas, este trecho é substituído pelo que vem a seguir:

– Realmente, as cruzadas constituem um episódio muito interessante na vida dos homens, começou Dona Benta. (idem, 1933, p.189)

– As cruzadas, começou Dona Benta, vieram em consequência da exaltação do fanatismo religioso na Europa. (idem, 1938, p.172)

Chama a atenção o destaque dado ao vínculo das cruzadas à prática religiosa do período, que deixam de ser comentadas como um acontecimento "interessante". Reforça-se assim o tom de crítica que perpassa toda obra no que se refere à prática da religião quando beira o radicalismo e distancia-se do "saber", tão valorizado por ela.

Já na 9ª edição, no fim do capítulo XLIX, Dona Benta mostra estar bem atualizada sobre descobertas científicas:

> Quando Madame Curie, a descobridora do *radium*, chegou a Nova York, foi recebida por um pequeno número de pessoas, mas naquela hora uma enorme multidão estava recebendo, com uma trovoada de palmas e gritos, um famoso jogador de boxe – isto é, um brutamontes cujo mérito é quebrar o queixo de outro antes que esse outro lhe quebre o seu. Madame Curie valia um milhão de vezes mais que o jogador de boxe – mas o povo ainda não tem a cultura necessária para perceber que é assim... (idem, 1943, p.167)

Ressalta-se assim o valor do saber e critica-se o uso da violência, mesmo que seja em nome de uma prática esportiva. Vale analisar também uma longa passagem acrescentada no fim do capítulo LVII em que se observa, na participação de cada personagem, uma marca característica: Dona Benta deixa evidente sua cultura, Narizinho mostra-se indignada com a violência humana, Pedrinho continua indagador e Emília intromete-se de modo inesperado, como sempre:

> – E a dinamite? perguntou Pedrinho. É filha da pólvora?
> – O princípio é o mesmo, meu filho. Tanto a pólvora como a dinamite, produzem, quando deflagram, uma certa quantidade de gases, os quais se expandem com a maior violência, produzindo o que chamamos explosão. E essa explosão arrebenta qualquer obstáculo que tente embaraçar a expansão dos gases. Os químicos foram inventando explosivos cada vez mais fortes – e é possível que esta pobre humanidade ainda venha a ser totalmente destruída por essas e outras invenções do mesmo naipe.

– E seria uma limpeza! disse Narizinho. A terra sem o bicho homem seria muito mais sossegada. Que outro animal queima uma Joana D'Arc, ou assa crianças vivas, como aquela gente de Cartago?
– Sim, minha filha. O emprego das invenções para a destruição das cidades e de tudo vai num tal crescendo, que um escritor inglês, Wells, admite o fim do *Homo sapiens*, vitimado pelos progressos da química. A Terra já foi dominada por outros animais. Houve tempo em que os grandes sáurios eram os senhores do mundo. Afinal, desapareceram. Hoje é o homem que domina. Mas pode também desaparecer e dar lugar a outros dominadores.
– A qual deles, vovó?
– Ao besouro, por exemplo. Ou às formigas. Ou às abelhas...
– Eu queria que a dominadora do mundo fosse a minhoca, disse Emília.
– Por que, bobinha?
– Porque ficavam lá dentro da terra e não incomodavam a gente, nem a animal nenhum. Ainda está para haver uma criatura qualquer que se queixe das minhocas. Delas nunca veio, nem virá, mal ao mundo...
– Bom, chega por hoje, disse Dona Benta. Amanhã falaremos das descobertas. (ibidem, p.198)

Alguns acréscimos significativos também são feitos no texto. No capítulo XXVI, Dona Benta restringe-se a definir o que é um filósofo até a 8ª edição; a partir da 9ª edição, trata do assunto de modo mais complexo:

– Os filósofos são o complemento dos cientistas. Eles vão até o ponto em que podem provar o que afirmam. Desse ponto em diante acaba-se a Terra da Certeza e começa a Terra do Pode Ser. Nessa terra é que moram os filósofos. Se um filósofo provar por A+B a sua filosofia, mas provar de verdade...
– Ali na batata... ajudou Emília.
– ... provar experimentalmente, ele deixa de ser filósofo, passa a ser cientista.
– ... muda-se para a Terra do Pode Ser... – ajudou de novo Emília, e Narizinho advertiu-a que Dona Benta não precisava de ajutórios. [...] (ibidem, p.82)

Finalmente, também pela intervenção de Narizinho, podemos notar como o texto é atualizado, já que se passaram anos da 1ª à 9ª edição. No início do último capítulo, referindo-se à insistência dos jornais em somente anunciar "guerra, guerra, guerra", Narizinho comenta na 1ª edição: "[...] os de ontem trazem as primeiras notícias da nova guerra do Japão contra a China, e ainda um artigo dum Sr. Nitti sobre a futura guerra entre todos os países da Europa. Não dá gosto viver num mundo como o nosso..." (idem, 1933, p.293).

Na 9ª edição, sua atenção volta-se para o conflito mais importante daquele momento, a Segunda Guerra Mundial, que ironicamente já havia sido pré-anunciado na passagem anterior: "Os povos hoje se encontram numa guerra ainda mais horrível que a de 1914. As nações mais importantes do mundo nela se acham empenhadas. Não dá gosto viver num mundo como o nosso..." (idem, 1943, p.276).

A alteração mais notória desta edição reside, contudo, na inclusão de dois capítulos: um deles apresenta alguns dados sobre a formação étnica, política e linguística da Península Ibérica (capítulo LXVII, *A Península Ibérica*) e o outro enfoca a atuação de Simón Bolívar no processo de independência de alguns países da América Latina (capítulo LXXIX, *O libertador*).

No capítulo sobre a Península Ibérica, Dona Benta confirma seu repúdio à violência ao comentar a relação de Fernando de Castela com o Tribunal da Santa Inquisição:

> Esse Fernando foi um dos homens que mais influíram no Ocidente. Se a mentalidade dele houvesse sido outra, a História não mostraria hoje uma das mais horríveis manchas. Foi ele quem instituiu o Tribunal da Inquisição, de horrenda memória e que tanta dor trouxe para tantos milhares de criaturas no mundo. Foi o reino das torturas, das fogueiras em que se queimavam criaturas vivas – um horror de que nem gosto de me lembrar, tudo consequência do fanatismo religioso. (ibidem, p.235)

É notável a insistência na ideia de que a História tem seu curso direcionado pela ação individual, pois, segundo afirma a personagem, se a mentalidade desse rei fosse outra o episódio não teria ocorrido.

Despreza-se assim toda ação coletiva e o poder dos grupos sociais na dinâmica histórica. O período é analisado, assim como outros eventos no decorrer da obra, de modo superficial, como resultado de ações individuais; não se faz nenhuma referência a um círculo social maior, de modo que abranja outros setores da sociedade.

O fanatismo religioso teria prejudicado a Espanha em todas as áreas, desde a política, a ponto de fazê-la perder as colônias americanas, até a arte. Segundo Dona Benta, "se houvesse na Espanha aquela mesma liberdade de pensamento que fez do século de Péricles na Grécia o período mais luminoso da História, a Espanha teria sido outra Grécia, porque nunca houve povo mais bem dotado para a arte" (ibidem, p.236).

Ainda assim, ela faz algumas referências à pintura, citando o que considera "grandes nomes, como Velázquez, Murilo, Zurbaran, El Greco", à literatura, afirmando que Cervantes é o criador da obra "mais imortal" que existe, e ao teatro, citando os autores Lope da Vega e Calderón de La Barca.

Já Portugal é exaltado por conquistar um grande número de territórios, entre eles, o Brasil, "destinado a ser um dos grandes países futuros", e por criar uma língua que estaria se expandindo:

> Apesar de tão pequenininho, Portugal conseguiu duas grandes coisas no mundo: criar uma língua que está se expandindo e deixar no mundo um filho agigantado territorialmente e que também poderá vir a ser um gigante em civilização. Foi portanto um país criador e dos que deixaram fortes marcas na História. (ibidem, p.237)

A crença no futuro, de certa forma, espelha a convicção de que a história está vinculada e move-se graças ao progresso, à paulatina civilização. O curso histórico seguiria um fluxo ascendente e o Brasil seria um dos países propícios a fazer parte do pico dessa curva progressiva.

O outro capítulo acrescentado a esta edição, intitulado *O libertador*, faz uma exaltação de Simón Bolívar, que chega a ser comparado a George Washington. A comparação deve-se, segundo afirma Dona Benta, ao fato de ele ter colaborado na libertação de várias colônias latinas. Ela relata de forma bem sucinta sua participação na independência de países como Venezuela, Colômbia, Equador, Peru, Bolívia, Argentina e Chile. É lembrado também por idealizar a criação de um país único, a chamada República Pan-Americana. Nessa altura, Dona Benta mostra-se entusiasmadíssima com a ideia e revela algumas de suas convicções:

– Fazer uma república só com a soma de todas?
– Sim. Isso é um imenso ideal. As desgraças do mundo, meu filho, vem da terra estar dividida em quase uma centena de países autônomos, cada qual hostil ao seu vizinho. No dia em que o mundo se transformar nos Estados Unidos do Mundo, nesse dia acabar-se-ão as guerras e a humanidade dará começo à sua Idade do Ouro. Todos os homens que trabalham para a unificação do mundo estão trabalhando para a Felicidade Humana – e nesse sentido nenhum fez mais do que Simão Bolívar. Sua glória há de crescer cada vez mais, com o crescimento das nações por ele criadas. [...]
[...] eu também tenho no fundo do coração esse mesmo sonho de Simão Bolívar. Eu sonho com os Estados Unidos do Mundo como único meio de acabar com esse horroroso cancro chamado Guerra. A história do mundo, como tenho mostrado a vocês, não passa dum Amazonas de sangue e dor, de desgraças e horrores de toda sorte, tudo por causa da divisão da humanidade em pedaços inimigos uns dos outros. O remédio para esse cancro é um só: a unidade política do mundo. (ibidem, p.249)

Nessa edição, Dona Benta apresenta, assim, um ponto de vista mais radical ao criticar a violência que afeta o mundo. Após reiterar a ideia de que a história é extremamente marcada por guerras, e apelando para a modificação de tal situação, a fim de que a humanidade finalmente vivencie sua Idade do Ouro, ela aposta na unidade política mundial para tanto – um ponto de vista ousado e audacioso.

A preocupação de Monteiro Lobato em atualizar os textos revisados por ele, inserindo fatos recentes para aquele momento, revela-se nos dois novos capítulos na 11ª edição. Eles finalizam o livro e tratam respectivamente da Segunda Guerra Mundial e da bomba atômica lançada em Hiroshima, no Japão. O capítulo LXXX, *A Segunda Guerra Mundial*, apresenta de forma sucinta, pela narração de Dona Benta, as possíveis causas e o final do evento, que durou de 1939 a 1945. De acordo com ela, a guerra foi iniciada porque Hitler, com medo do comunismo, armou-se e acabou voltando-se não contra a Rússia, mas contra outros países da Europa. Ela ressalta que o conflito mundial foi pior que a Primeira Guerra "porque a aviação estava muito desenvolvida e os bombardeios aéreos não pouparam as mais belas cidades. Nunca o mundo viu tanto horror" (idem, 1947, p.311). O ataque dos japoneses a Pearl Harbour é chamado de "traiçoeiro" e os norte-americanos são elogiados por seu esforço e organização. Ela assim conclui o capítulo: "A consequência foi a que tinha que ser: depois da vitória aliada sobre os alemães na frente europeia, a vitória americana sobre os japoneses no Pacífico, meses depois, em agosto" (ibidem, p.312).

O capítulo LXXXI, intitulado *Hiroshima*, consiste mais em uma crítica sobre a violência que ainda atinge a humanidade e que, segundo Dona Benta, advém da imaturidade em que vive o ser humano. Segundo ela, "a humanidade é ainda muito criança" (ibidem, p.312). Só alcançará a maturidade e agirá de modo adequado quando tomar como exemplo as atitudes dos filósofos:

> Assim se comportam os filósofos, isto é, os homens de juízo. Tenho esperança de que também a Humanidade, quando alcançar a era do juízo, resolva todas as suas questões com a filosofia dum Sócrates, em vez de resolvê-las, como até aqui, a tiro e facadas. O tempo, só o tempo pode curar o grande defeito da Humanidade – que é ser muito criança ainda.
> Assim terminou Dona Benta o seu apanhado da história do mundo. (ibidem, p.313)

Portanto, ao mesmo tempo em que a humanidade vive uma "era de milagres" (título de um dos capítulos do livro), ainda é abalada por um conflito de tal porte. Como ressalta Vasconcellos, "as invenções melhoraram a vida, mas não melhoraram o homem, que continuaria o mesmo animal estúpido de todos os tempos" (1982, p.57).

Também a estrutura criada permanece e, com o tempo, a participação das personagens é ainda mais observada, como já comentamos. Sobretudo a da boneca Emília que é geralmente arrogante e audaciosa, além de cômica. Como nesta passagem, em que comenta certas atrocidades cometidas pelo imperador Nero: "– Ah! Um diabo desses é que merecia ser empalado num pau bem pontudo! desabafou Emília" (6ª ed., p.116).

O fato proporciona, consequentemente, também maior participação do destinatário do texto, pois como já dissemos, os narratários podem ser entendidos como sua representação. Os seus questionamentos e comentários deixam claro que a história não deve ser apenas "conhecida" ou "memorizada", mas deve servir principalmente para reflexões variadas. Mesmo que o conceito de história apresentado permaneça, de um ponto de vista atual, tradicional e ultrapassado, em contrapartida, no decorrer das edições acentuam-se as aberturas para o questionamento e a criticidade.

De certa forma, ela resulta do que Vasconcellos (1982, p.62) chama de "relativismo de valores", uma das características da obra, segundo análise da autora:

[...] Se é verdade que várias vezes as comparações que Lobato faz entre a civilização ocidental contemporânea (ou, melhor dizendo, entre a leitura que faz dela) e outras épocas ou culturas são feitas em termos valorativos – por exemplo, faltariam nas épocas passadas comodidades essenciais que os tempos modernos teriam trazido –, outras vezes essas comparações são realizadas exatamente em um esforço de descentramento, para alargar o "horizonte do possível" de seus leitores, procurando mostrar-lhes que há mais de um ponto de vista pelo qual as coisas podem ser consideradas.

Nesse caso as comparações ressaltam a diferença na abordagem dos problemas, nos meios de responder às necessidades cotidianas, ou mesmo nas características da arte, do modo de pensar e outras dos diversos povos. Isso é então feito ou sem conotação de valor, ou com o valor das diferenças sendo discutido e apreciado de vários pontos de vista.

Notamos isto, por exemplo, no capítulo dedicado aos monges da Idade Média. Em todas as edições consultadas, eles são exaltados por seu desempenho na área social e cultural. Pedrinho inicialmente comenta que nunca adotaria tal estilo de vida, mas, na 9ª edição, muda de opinião e chega a dizer que, se vivesse naquele tempo, também seria monge.

Não há, portanto, disparidade de opiniões apenas entre os narratários, mas também os pontos de vista dotados por cada um sofrem alterações. Evidencia-se que não há critérios absolutos de verdade, pois eles dependem de quem emite determinados julgamentos, estando à mercê de novas avaliações com o decorrer do tempo. Edgard Cavalheiro (1955, p.565) afirma, na biografia de Monteiro Lobato, que a "'intenção educativa' e um certo criticismo transparecem de modo crescente nas obras infantis lobatianas. Elas paulatinamente consolidaram-se como inovadoras, a ponto de terem sido criticadas e até combatidas por setores mais conservadores da sociedade". Segundo ele,

> instintivamente, a vocação pedagógica, o dom de proselitista, de reformador, se infiltra aqui e ali. E em obras de primordial caráter educativo, como *História do mundo para as crianças*, *Geografia de Dona Benta*, *O poço do Visconde*, e outras, o jogo é aberto com toda a rude franqueza, as verdades são proferidas com todas as letras. Lobato diz às crianças, "que serão os homens de amanhã, a verdade inteira, ou aquilo que julga a verdade. Habituamo-nos," explica ele, "de tal modo ao regime da mentira convencional que a verdade nos dói, e causa indignação ao "patriota". "Temos," continua, "deveres para com o futuro. Já que não soubemos ou não pudemos consertar as coisas tortas herdadas, tenhamos ao menos a hombridade de não iludir nossos filhos [...]". (ibidem, p.590)

Pelo visto até aqui, para ele, apresentar a verdade significava evidenciar certos relativismos e proporcionar ao leitor, sempre que possível, pontos de vista diferenciados sobre um mesmo assunto. Até a história, que é uma ciência, não se baseia em verdades absolutas ou objetivas, pois sempre é filtrada por uma análise e subsequente narração. Ou seja, toda apresentação de um fato histórico resulta da(s) fonte(s) histórica(s) e de sua interpretação. Em *História do mundo para as crianças* há uma preocupação gradativa, perceptível a cada edição, em oferecer um questionamento explícito acerca de tais "verdades" e tornar o leitor consciente e atento para tantos relativismos.

Avaliação da obra segundo o conceito de tradução proposto por Monteiro Lobato

Vimos que nem todas as edições de *História do mundo para as crianças* a apresentam como uma adaptação da obra de V. M. Hillyer. Entretanto, já no primeiro capítulo, a personagem Dona Benta faz referência a ela, indicando para o leitor que Lobato a utilizou como fonte para sua própria produção. Analisemos então quais os critérios adotados por Lobato e qual a conduta adotada por ele como tradutor.

O trabalho de tradutor, segundo Cavalheiro, constituiu a primeira fonte de renda, como atividade intelectual, de Monteiro Lobato. Isso aconteceu quando ele, então promotor público, residia em Areias (1907-11) e traduzia artigos do *Weekly Times*, uma edição semanal com artigos do jornal *The Times*, de Londres, para *O Estado de S. Paulo*.

Paulatinamente, sua dedicação à área foi aumentando. Em 1924, em carta enviada a Godofredo Rangel, critica as traduções portuguesas, bastante difundidas no Brasil naquele momento, e chega a citar o caso da tradução de *The Vicar of Wakefield*, segundo ele uma obra-prima da literatura inglesa, mas que o "raio do labrego transformou-a em bota – com s" (1964a, v.2, p.266). Dessa forma, tenta resistir às traduções que encontrava naquele momento, que considerava "infamérrimas".

No mesmo ano, apresenta parte de seu ideal para a prática tradutória, tomando como exemplo *Menina e moça* de Bernardim Ribeiro. Segundo ele, se a língua for "quase atualizada", a obra "fica uma delícia". E foi exatamente o que realizou. Dez dias depois, envia outra carta anunciando que já havia concluído a "semidesarcaização" do autor, de forma leve, respeitando a ingenuidade da obra, e com isso ficou "delicioso de ler-se". Graças a isso, acreditava que a obra se popularizaria.

Já conclui a semidesarcaização do Bernardim Ribeiro, mas coisa tão leve que o leitor nem sente. Nada se perdeu da ingenuidade daquele homem. De ilegível que era, ficou delicioso de ler-se. Fiz a experiência ontem em casa, com as provas. Purezinha, sempre tão exigente, leu-o e com encanto. Só agora, Rangel, vai o Bernardim popularizar-se no Brasil. Antes apenas lhe citavam o *Menina e Moça*, e os "imortais" recorriam ao seu rouxinol sempre que precisavam dum passarinho que não fosse virabosta. Eu tinha-o na estante e jamais o li. Pegava e largava. E como eu, todo mundo. Logo que sair, te-lo-ás aí. Vamos fazer uma linda edição. Aquele rouxinolzinho merece gaiola dourada. (25/9/1924) (ibidem, p.268)[6]

Como vemos, a experiência como leitor alertou-o para certas dificuldades, em especial com respeito à linguagem, que afetavam as traduções difundidas aqui no Brasil. Assim, além de atualizá-la, seu objetivo era transcrever a obra de tal modo que o "espírito" dela não se perdesse, mas fosse apresentada em uma forma prazerosa e clara.

Com relação às obras infantis, sua preocupação era semelhante. Vimos no capítulo anterior como ele chamou a atenção de Rangel para a linguagem a ser usada na tradução de livros para crianças. Sua intenção maior era "abrasileirar a linguagem" para atender às expectativas dos leitores infantis brasileiros.

A dedicação de Lobato nessa área foi extremamente significativa. Até então, afirma Cavalheiro, escritores como Machado de Assis, Olavo Bilac e Coelho Neto haviam traduzido uma ou outra obra, mas ninguém ainda havia tomado tal atividade como meio de vida. Segundo Cavalheiro (1955, p.534), pode-se ainda considerar Lobato "o primeiro escritor brasileiro de nomeada a reabilitar esse gênero de trabalho intelectual, até então acobertado pelo anonimato, ou discretamente velado por pudicas iniciais". Ele se transformou em tradutor profissional, segundo o biógrafo, e tinha concepções próprias a esse respeito. Para ele, traduzir era

> a tarefa mais delicada e difícil que existe, embora realizável quando se trata da passagem de obra em língua da mesma origem que a nossa, como a francesa ou a espanhola. Mas traduzir do inglês, do alemão, ou do russo, equivale de fato a quase absurdo. Fatalmente ocorre uma desnaturação. Se a tradução é literal, o sentido chega a desaparecer; a obra torna-se ininteligível e asnática, sem pé nem cabeça, o que não se dá quando o original é francês ou espanhol. A tradução tem de ser um transplante. O

---

6 Bernardim Ribeiro, autor português (1482?-1552?), escreveu a novela *História de menina e moça* ou, segundo algumas edições, *Livro das saudades* (Moisés, 1981, p.327.)

tradutor necessita compreender a fundo a obra e o autor, e reescrevê-la em português como quem ouve uma história e depois a conta com palavras suas. Ora, isto exige que o tradutor seja também escritor – e escritor decente. (ibidem, p.536)[7]

Combatia a versão literal, "ao pé da letra", pois para ele o bom tradutor diz exatamente a mesma coisa que o autor, utilizando a sua língua e uma forma literária própria. O que importava era traduzir a ideia, o pensamento do autor. De fato, devemos considerar que tradução perfeita é uma coisa impossível e o que ocorre são, como afirma Rónai, "aproximações, pois não há nesse terreno problema definitivamente resolvido" (apud ibidem, p.537). Segundo ele, também não há "tradução literal". Baseando-se na origem do termo (do latim *traducere*: levar alguém pela mão para o outro lado, para outro lugar), Rónai (1976, p.4) explica:

> conduzir uma obra estrangeira para outro ambiente linguístico significa querer adaptá-la ao máximo aos costumes do novo meio, retirar-lhe as características exóticas, fazer esquecer que reflete uma realidade longínqua, essencialmente diversa. Conduzir o leitor para o país da obra que lê significa, ao contrário, manter cuidadosamente o que esse tem de estranho, de genuíno, e acentuar a cada instante a sua origem alienígena.

Esse ponto de vista confirma o que já dissemos sobre a tradução de Monteiro Lobato, sobretudo se comparada à de Godofredo Rangel. Dona Benta, em vários momentos, refere-se à fonte consultada que originou sua narração e tem ainda o cuidado de diferenciar dados oferecidos pelo autor norte-americano dos relativos à cultura e história brasileiras. Dessa forma, o leitor lobatiano toma consciência do processo tradutório que envolve a obra que tem em mãos, ao passo que o leitor da obra de Rangel não tem acesso aos mesmos parâmetros.

Além de traduzir, Monteiro Lobato também revisava trabalhos alheios. O critério adotado era o mesmo, ou seja, combater o que cha-

---

7 Infelizmente não é dada a fonte de muitas citações nesta obra, por isso utilizamos o texto dela como nossa referência.

mava de "tradução de fidelidade literal", já que para ele, o bom tradutor deveria dizer a mesma coisa que o autor original, mas de acordo com a forma literária de sua língua. As traduções de Lobato foram em tão grande número, que há quem ponha em dúvida a autenticidade de certos volumes. Respondeu Lobato que a questão era ficar por longo período, como toda uma manhã, na máquina de escrever, a trabalhar. Cavalheiro afirma que ele traduziu mais de cem obras, principalmente de literatura inglesa e norte-americana. O número envolve as que realizou sozinho – 82 traduções, conforme consta na relação apresentada pelo biógrafo –,[8] além das revisões e traduções em colaboração ou não assinadas. Em carta enviada a Godofredo Rangel, em 1934, constatamos a "avalanche" de traduções realizada por ele em curto espaço de tempo e sua convicção na possibilidade de "recriação", "remodelação" por parte do tradutor:

> Tenho empregado as manhãs a traduzir, e num galope. Imagine só a batelada de janeiro até hoje: Grimm, Andersen, Perrault, *Contos* de Conan Doyle, *O homem invisível* de Wells e *Pollyana moça*, *O livro da jungle*. E ainda fiz *Emília no país da gramática*. Tudo isto sem faltar ao meu trabalho diário na Cia. Petróleos do Brasil, com amiudadas visitas ao poço do Araquá. Positivamente não sei explicar como produzi tanto sem atrapalhar o meu trem normal de vida.
> Gosto imenso de traduzir certos autores. É uma viagem por um estilo. E traduzir Kipling, então? Que esporte! Que alpinismo! Que delícia remodelar uma obra de arte em outra língua! Estou agora a concluir um Jack London, que alguém daqui traduziu massacradamente. Adoro London com suas neves do Alaska, com o seu Klondike, com os seus maravilhosos cães de trenó.
> Ando a fiscalizar as traduções para o Octales, e bom dinheiro perde ele com essa fiscalização! Mas, faça-se-lhe justiça: perde-o com prazer. Prefere perder dinheiro a enfiar no público uma tradução que eu condene. Que outro editor faz isto? Já perdeu assim mais de vinte contos este ano. E o público engoliria do mesmo modo todas as infâmias condenadas, porque

---

8 Anexo D, Traduções de Monteiro Lobato.

o público é o maior bueiro do mundo. Eu às vezes até me revolto de dar à bola em certos trechos de difícil tradução, ao lembrar-me do que é a média do público. Mas sou visceralmente honesto na minha literatura. Duvide quem quiser dessa honestidade. Eu não duvido. Nem você. (Lobato, v.2, 1964a, p.327)

Lobato parece não confiar muito no público leitor. Ele coloca em dúvida sua capacidade de julgamento, de crítica em relação a uma boa (ou má) tradução. Todavia, isso não seria empecilho para que se dedicasse com afinco a realizar a tarefa de forma extremamente criteriosa. E apesar das críticas que recebeu, parecia ter consciência e ser bastante cuidadoso com certas "artimanhas" que podem afetar um trabalho de tradução. Referindo-se a Agripino Grieco,[9] que criticou sua tradução de *História da literatura mundial*, de John Macy, ele aponta o que chama de "pérolas do Agripino": na tradução da obra *For Whom the Bell Tolls*, de Hemingway, por exemplo, esse autor traduziu *wormwood*, termo inglês referente à losna brasileira, ingrediente do absinto, como "bicho de pau podre". E ainda acrescentou que "no verdadeiro absinto há verme de pau, cupim..." (ibidem, p.335). Mas Lobato também reconhece que comete deslizes quando, por exemplo, traduziu *The Village Blacksmith* (*O ferreiro da aldeia*) por *A aldeia de Blacksmith*.

Em 1945 realiza sua última tradução, conforme afirma em carta enviada a Godofredo Rangel, e lamenta muito isso, afirmando que sentirá saudades, pois é muito absorvente traduzir um livro.

Como vemos, a trajetória de Lobato como tradutor foi marcada por dois princípios, sempre ressaltados por ele: uma boa tradução mantém-se fiel à "ideia" do autor traduzido, mas não necessariamente à sua linguagem; o tradutor deve criar um texto prazeroso e claro para seu leitor.

---

9 Nascido em 1888, foi jornalista e crítico dos mais atuantes desde o pré-modernismo, além de orientar o periódico *Boletim de Ariel* (Rio de Janeiro, 1931-1939) (Paes; Moisés, 1980, p.112).

As modificações de linguagem, segundo suas próprias palavras, deveriam promover sua "atualização" ou "abrasileiramento". O tradutor não poderia realizar seu trabalho de forma mecânica, apenas vertendo para sua língua um texto estrangeiro, apegando-se à chamada "tradução literal". Ele deveria ir além, pois apenas conhecer a língua não lhe daria condições para executar tal tarefa. Somente se voltasse sua atenção para o público leitor sua tradução seria satisfatória. Mas tal procedimento implica, entre outras coisas, o conhecimento do contexto sociocultural em que autor e leitor estão inseridos. E saber quais são as expectativas e condições de entendimento por parte do receptor também é imprescindível para o sucesso de um trabalho de tradução, segundo Lobato.

A concepção de tradução proposta por ele pode parecer hoje simplória e merecer críticas, mas o que nos interessa é saber que foi ela que o orientou nesse tipo de trabalho. Deixando evidentes suas ideias quanto a isso, uma avaliação de *História do mundo para as crianças* pode assim ser mais bem conduzida. Elas justificam seu desprendimento em relação a muitas estratégias visuais e textuais utilizadas por Hillyer que foram, entretanto, "substituídas" por outras. Até mesmo parte do conteúdo foi abolida, sobretudo no que se refere às passagens que apresentam emissor e receptor da mensagem como cristãos convictos. Lobato não fez uma "tradução literal" dela. Ele se manteve próximo à concepção de história apresentada por ela, vinculada aos princípios do evolucionismo, do progresso, do eurocentrismo etc. Mas tentou ao máximo incluir em sua obra elementos do cotidiano e da cultura brasileiros, sem deixar de citar fatos relacionados à cultura e à história norte-americana, porém sempre com o cuidado de evidenciar tais diferenças.

Parece-nos ainda que a tradução de Lobato foi um pouco além de suas próprias propostas. Ele não apenas recriou o texto de Hillyer, a ponto de deixá-lo interessante e prazeroso para o leitor brasileiro, mas também o tornou mais crítico e mais enfático em certas questões – como a guerra e o progresso científico – e não teve pudor em abordar a religião cristã com menos parcialidade que Hillyer. Com tantas modificações, redimensionou a obra de Hillyer, pois a alterou de modo perceptível.

Avaliação do conceito de história diante do contexto historiográfico e educacional brasileiro no período 1920-30

Educação para o progresso

Até o momento avaliamos em particular o desempenho de Monteiro Lobato como escritor. Porém não devemos esquecer que ele era antes de mais nada um intelectual. Neste tópico faremos uma avaliação das ideias e conceitos difundidos pelo escritor, presentes sobretudo em *História do mundo para as crianças*, que podem ser relacionados ao contexto cultural e didático do Brasil durante as décadas de 1920 e 1930. Após breve exposição sobre a situação educacional brasileira nesse período analisaremos como Monteiro Lobato, mesmo de modo indireto, envolveu-se com a questão educacional no Brasil desse momento.

No início do século XX, um dos acontecimentos mais importantes ocorridos no Brasil foi a Revolução de 1930. Ela é considerada por Antonio Candido o eixo e o catalisador da cultura brasileira nesse momento, pois foi em torno dela que certos elementos, dispersos durante a década de 1920, se aglutinaram e originaram uma nova configuração cultural. Tal evento constitui um marco histórico e podemos tomá-lo como referência para acontecimentos ocorridos "antes" e "depois" da data. Ele gerou um movimento de unificação cultural responsável pela difusão, em nível nacional, de fatos isolados, que ocorriam até então em âmbito regional. O decênio de 1920 é considerado, por esse autor, uma "sementeira de grandes mudanças", que só encontrou solo fértil para germinar e crescer na década seguinte.

> Com efeito, os fermentos de transformação estavam claros nos anos 20, quando muitos deles se definiram e manifestaram. Mas como fenômenos isolados, parecendo arbitrários e sem necessidade real, vistos pela maioria da opinião com desconfiança e mesmo ânimo agressivo. Depois de 1930 eles se tornaram até certo ponto "normais", como fatos de cultura com os quais a sociedade aprende a conviver e, em muitos casos, passa a aceitar e apreciar. (Candido, 1989, p.182)

A situação do ensino nesse período exemplifica de forma significativa tais mudanças. Na década de 1920, vários estados brasileiros promoveram reformas educacionais que visavam a uma renovação pedagógica, segundo os princípios da pedagogia nova, também conhecida como movimento da escola nova ou escolanovismo, instituídos com base em experiências educacionais feitas na Europa e nos Estados Unidos. Um de seus principais expoentes foi o norte-americano John Dewey (1859-1952), adepto do pragmatismo, doutrina desenvolvida e sistematizada pelo filósofo norte-americano William James (1842-1910), que foi um dos professores que exerceram grande influência sobre o trabalho de V. M. Hillyer.

Opondo-se ao ensino formal, dogmático e mecânico da escola tradicional, Dewey pregava que o processo educativo deveria explorar os reais interesses de cada faixa etária. Os objetivos da educação ativa elaborada por ele se constituíam em substituir o esforço da aprendizagem pelo interesse na aprendizagem e preparar o indivíduo para a vida social respeitando suas potencialidades. O método de ensino proposto deve ser aberto e dinâmico, segundo Cotrim (1993, p.225), e o programa adotado requer a interação das disciplinas estudadas que devem estar vinculadas a uma base social considerada comum para todas elas – a história da humanidade.

Como ressalta Ghiraldelli Jr. (1922, p.25), o movimento da escola nova protagonizado por Dewey

> enfatizou os "métodos ativos" de ensino-aprendizagem, deu importância substancial à liberdade da criança e ao interesse do educando, adotou métodos de trabalho em grupo e incentivou a prática de trabalhos manuais nas escolas; também valorizou os estudos de psicologia experimental e, finalmente, procurou colocar a criança (e não mais o professor) no centro do processo educacional.

Além disso,

> Dewey formulou "cinco passos" para o funcionamento do *raciocínio indutivo*: tomada de consciência do problema, análise de elementos e co-

leta de informações, sugestões para as soluções do problema – hipóteses, desenvolvimento das sugestões apresentadas e experimentação; recusa ou aceitação das soluções. (ibidem)

Como vemos, tal proposta visava a uma participação bastante ativa do educando, tanto no processo educacional quanto na vida social em que ele deveria estar inserido. Este, talvez, seja o ponto mais significativo que diferencia a escola nova da escola tradicional: o protagonismo delegado ao aluno, visto como elemento social e, como tal, responsável por determinado desempenho que deverá afetar o grupo social ao qual pertence. Aliás, um dos princípios mais interessantes do escolanovismo pregado por Dewey foi atribuir à educação uma tarefa maior que o simples desenvolvimento dos indivíduos. Segundo Cotrim (1993, p.226), ele

acreditava no poder da educação como instrumento de reconstrução da sociedade. Por isso, defendia a implantação de um eficiente sistema de ensino público que transformasse a escola numa espécie de sociedade em miniatura, uma comunidade embrionária. Nessas escolas, os alunos aprenderiam a viver de forma democrática, desenvolvendo o espírito de cooperação e participação social por meio de trabalhos em grupo. Seu lema era: "Educação é vida; escola é sociedade".

Ele afirmava que poderíamos "criar nas escolas a projeção do tipo de sociedade que desejaríamos realizar e, formando os espíritos de acordo com esse tipo, modificar gradualmente os principais e mais recalcitrantes aspectos da sociedade adulta" (ibidem, p.226).

As reformas estaduais ocorridas na década de 1920 no Brasil, impulsionadas por tais princípios, prenunciaram as reformas nacionais que surgiram a partir da década de 1930, como bem salienta Romanelli (1988, p.129). A primeira delas ocorreu em 1920, em São Paulo, sob a responsabilidade de Sampaio Dória. Em 1924, no Ceará, Lourenço Filho empreendeu a segunda.

Depois, seguiram-se a do Rio Grande do Norte, por José Augusto (1925-28), as do Distrito Federal (1922-26) e as de Pernambuco (1928), empreendidas ambas por Carneiro Leão, a do Paraná (1927-28), por Lysímaco da Costa, a de Minas Gerais (1927-28), por Francisco Campos; a do Distrito Federal (1928) por Fernando Azevedo; e a da Bahia (1928), por Anísio Teixeira. (ibidem, p.129)

As reformas contribuíram para aguçar as discussões nacionais em torno dos problemas relacionados à educação, mas como ocorreram apenas em âmbito regional, o resultado imediato foi parcial e restrito. Somente na década de 1930, pela reforma empreendida por Francisco Campos (1931), então ministro da Educação e Saúde Pública, a estrutura educacional passou a ser organizada segundo um sistema nacional, portanto centralizado. O ensino secundário foi o mais reformulado, deixando de ser concebido apenas como um conjunto de cursos preparatórios para o curso superior. Segundo o próprio Francisco Campos (apud Romanelli, 1988, p.135),

a finalidade exclusiva do ensino secundário não há de ser a matrícula nos cursos superiores; o seu fim, pelo contrário, deve ser a formação do homem para todos os grandes setores da atividade nacional, constituindo no seu espírito todo um sistema de hábitos, atitudes e comportamento que o habilitem a viver por si e tomar, em qualquer situação, as decisões mais convenientes e mais seguras.

O pronunciamento revela o caráter elitista imposto ao ensino secundário pela reforma, evidenciado ainda, e sobretudo, pelo currículo enciclopédico e pelo sistema de avaliação extremamente rígido nele inseridos, conforme ressalta Romanelli. O ensino de história também foi alterado de modo significativo pois, como veremos adiante, a partir desse momento houve uma "multiplicação das disciplinas históricas" nos currículos escolares.

Outros eventos que também contribuíram para a divulgação do escolanovismo no Brasil foram as Conferências Brasileiras de Educação, promovidas pela Associação Brasileira de Educação (ABE), criada em 1924, e a publicação do Manifesto dos Pioneiros da Educação Nova, em 1932. Ambos destacaram-se, principalmente, por difundir a ideia de ser possível transformar a sociedade pelo processo educativo desenvolvido nas escolas. Os integrantes da ABE, por exemplo, estavam convencidos, segundo Carvalho (s. d., p.268),

de que na educação residia a solução dos problemas do país. Sua principal estratégia consistiu em organizar, a partir de 1927, Conferências Nacionais de Educação que deviam servir a triplo objetivo: organizar nacionalmente a associação; fazer propaganda cívico-nacionalista da "causa educacional"; debater questões educacionais, propondo políticas, constituindo objetos e estratégias de intervenção e credenciando-se a si mesmas como quadros intelectuais e técnicos de formulação e execução dessas estratégias.

A associação pregava uma imagem de país que precisava ser modificada em prol do "progresso", o que implicava principalmente dedicar-se à produção de riquezas. Seu futuro dependeria de determinada política educacional, que seria conduzida por uma "elite" responsável pela educação e, consequentemente, pela transformação do país. Como afirma Carvalho (ibidem, p.269),

romper com a sociedade presente, transformá-la em passado, superá-la são tarefas que se autoatribuem os intelectuais aglutinados na Associação Brasileira de Educação, constituindo-se como elites convencidas de que lhes cabia a incumbência de dirigir o processo de constituição da nação. Obra de moldagem, a educação era o instrumento com que contavam tais elites para dar forma ao país amorfo e vitalidade ao povo indolente.

A "educação" à qual se refere tal associação baseava-se no trinômio saúde, moral e trabalho. Por isso, a imagem do Jeca Tatu, personagem criado por Monteiro Lobato, é citado por Carvalho como representante dessa "amorfia nacional", que se contrapõe ao que era entendido como "trabalho metódico, adequado, remunerador e salutar. [...] 'Organizar o trabalho' no país era a fórmula que condensava as expectativas de modernização e controle social depositadas na educação" (ibidem, p.270).

A crença na educação, dirigida por uma "elite" responsável pelo engajamento da nação na "civilização do progresso", também foi defendida por intelectuais como Fernando de Azevedo, líder do grupo responsável pelo Manifesto dos Pioneiros da Educação Nova. Além dele, outros intelectuais, como Anísio Teixeira, Lourenço Filho e Cecília Meireles, redigiram o documento dirigido ao governo e à sociedade em geral. Nele posicionavam-se a favor da escola pública obrigatória, laica e gratuita e pelos princípios pedagógicos escolanovistas. Contudo, como bem ressalta Ghiraldelli, esse grupo responsável pelo manifesto nada tinha de homogêneo. Apesar de ser geralmente designado como "liberal", na verdade "abrigou liberais elitistas como Fernando de Azevedo e Lourenço Filho e liberais igualitaristas como Anísio Teixeira. Além disso é preciso lembrar as presenças de Paschoal Lemme, Roldão de Barros etc., também signatários do 'Manifesto' e simpáticos ao socialismo" (1992, p.42).

Apesar dessas diferenças, o manifesto foi fundamentalmente elitista, pautando-se pelas ideias de seu redator oficial, Fernando de Azevedo. Para ele, a escola seria um espaço em que cada aluno teria a oportunidade de desenvolver seus talentos e, de acordo com seu desempenho, ocuparia determinado lugar na sociedade. Por isso, para ele, a escola é concebida como democrática, uma vez que possibilitaria a mobilidade social de acordo com a competência do educando. Em suas próprias palavras (apud Bittencourt, 1990, p.43):

> este conflito que se quer, por ignorância ou má-fé, estabelecer entre o ideal da formação das elites e os ideais democráticos, não impressiona, porém, senão os que ainda se deixam deslumbrar de ideologias românticas. Pois, educação popular e preparo das elites são, em última análise, as duas faces de um único problema: a formação da cultura nacional... Antes de tudo, num regime democrático, é francamente acessível e aberta a classe das elites, que se renova e se recruta em todas as camadas sociais. À medida que a educação for estendendo a sua influência, despertadora de vocações, vai penetrando até as camadas mais obscuras, para aí, entre os próprios operários, descobrir "o grande homem, o cidadão útil", que o Estado tem o dever de atrair, submetendo a uma prova constante as ideias e os homens, para os elevar e selecionar, segundo o seu valor ou a sua capacidade.

O manifesto provocou reações negativas em determinados setores conservadores da sociedade, principalmente relacionados ao catolicismo. Alceu de Amoroso Lima, por exemplo, intelectual católico e secretário da Liga Eleitoral Católica criticou o documento por defender a escola pública obrigatória, gratuita e laica.

Exagerando as críticas e confundindo a opinião pública, os conservadores brasileiros acusaram os escolanovistas de "materialistas", "comunistas" etc. Pensadores liberais (como Anísio Teixeira) foram tratados pelos católicos de "educadores pró-soviéticos"! (ibidem, p.43)

Esses setores da sociedade brasileira acompanhavam um ataque geral da Igreja dirigido ao escolanovismo. O papa Pio XII lançou uma encíclica, a *Divini Illius Magistri* (1929), condenando o que considerava "liberdade sem limites da criança" e o direito que os "novos métodos pedagógicos concediam à criança de forjar sua própria formação".

Durante a década de 1930, a Confederação Católica Brasileira de Educação, formada pelos dissidentes católicos que haviam abandonado a ABE, apontou os princípios escolanovistas que deveriam ser rechaçados pelo professorado católico: pragmatismo, experimentalismo, industrialismo, democratismo, imanentismo, naturalismo, socialismo. Além disso, também discriminaram alguns livros, nacionais e estrangeiros, que consideravam "perniciosos", conforme afirma Carvalho (s. d., p.273).

Apesar de não participar diretamente dos meios escolares, Monteiro Lobato mostra estar ciente das discussões e transformações que afetavam o contexto educacional brasileiro nesse período. Atento constantemente aos diversos setores da sociedade brasileira, "Lobato sempre esteve presente nos debates sobre os problemas nacionais, e nunca deixou de opinar sobre os assuntos que afetavam a vida do país", como bem salientam Azevedo, Camargos e Sacchetta (1997, p.151). Em relação à educação brasileira, seu posicionamento não foi diferente: de maneiras diversas, inclusive como editor e escritor, manifestou-se sobre tal questão. O tema "educação" fez parte de sua vida intelectual, conforme atestam algumas cartas e textos dirigidos ao público adulto e certos princípios que nortearam sua atuação na área da literatura infantil.

Algumas cartas de Monteiro Lobato, encontradas no arquivo do Instituto de Estudos Brasileiros da Universidade de São Paulo e endereçadas a Fernando de Azevedo, demonstram o nível de relacionamento do escritor com educadores partícipes da renovação educacional que ocorria no Brasil no período de 1920-30. No ano de 1927, por exemplo, quando já estava em Nova Iorque como adido comercial do Brasil, ele se pronuncia em uma dessas cartas sobre a reforma visada por tal educador e que acabou sendo efetivada no ano seguinte:

> Estou imaginando a campanha estúpida que você vai sofrer. Terra dos abusos inveterados que é o Rio, todos os safardanos prejudicados por uma reforma de ensino que vise os interesses da instrução e não só deles irão cair como gaviões em cima de você. Os jornais, essa coisa infecta que chamamos jornal... E o pior não é isso. É que embora neste governo você tenha todo o apoio do prefeito e do presidente, quem nos garantirá que no próximo quatriênio não se mudará tudo completamente? Vem aí um Lobo e faz à tua obra o que fizeram à do W. e Alarico em São Paulo. Meu maior pavor é a sucessão do W. [Washington Luiz] se ele não conseguir meter lá um continuador, tudo está perdido. Mas onde o continuador? Ou como adivinhar quem o seja? Depois do erro tremendo do W. com a escolha do C. do C. [Carlos de Campos, presidente de São Paulo?] fiquei cético a este respeito e só acredito na sorte.
>
> Recebi de São Paulo um livrinho meu que me parece bem interessante. Com certeza o Octales já te mandou. É o Hans Staden para as crianças. Parece-me mais bem adaptado às escolas que uma infinidade dos que por aí existem, aprovados e ajudados. Se você pensar do mesmo modo e achá-lo digno de apoio peço-te que ajudes ao Octales. Falo menos por interesse do que pelo dó de ver as nossas crianças às voltas com livros tão maçantes e estúpidos.

Além de mostrar-se preocupado com o rumo que a educação poderia tomar por intervenções políticas, Monteiro Lobato tem a liberdade de compartilhar com esse educador o interesse em divulgar uma obra sua – *Hans Staden*, que é uma adaptação literária – nos meios escolares, pois ela seria mais adequada ao público infantil do que muitas outras difundidas até então. Dessa forma, pressupomos que haveria troca de informações entre os dois intelectuais sobre a questão educacional brasileira e possível contribuição da literatura infantil para a sua renovação.

Em outras cartas, Monteiro Lobato expressa profunda admiração por Anísio Teixeira e pelo próprio Fernando de Azevedo. Em 1929, logo após Anísio Teixeira tê-lo visitado nos Estados Unidos, ele o exalta e parece acreditar em certa "irmandade", de nível intelectual, que existiria entre eles:

> Ao receberes esta, para. Bota para fora qualquer senador que te esteja aporrinhando. Solta o pessoal da sala e atenção ao apresentado, pois ele é o nosso grande Anísio Teixeira, a inteligência mais brilhante e o maior coração que encontrei nestes últimos anos de minha vida. Anísio, creio, sentiu e compreendeu a América e aí te dirá o que realmente significa esse fenômeno novo no mundo.
> Ouve-o, adora-o como todos os que conhecemos o adoramos e torna-te amigo dele como me tornei, como nos tornamos, eu e você. Nem sabes que há uma certa *irmandade no mundo* e que é destes irmãos quando por acaso se encontram, *reconhecerem-se.*

Em dezembro de 1936, o próprio Fernando de Azevedo é elogiado por sua personalidade e pela lucidez que parece pautar sua atuação naquele momento:

> Li com particular atenção teu discurso, que é um retrato da época e duma das belas e erectas figuras da época: Fernando de Azevedo.
> O sol me entrava alegre pela janela, e eu associei-o à tua personalidade tão luminosa. Infelizmente temos em S. Paulo poucos dias de sol – e entre os elementos humanos poucos Fernandos. Mas o tecido intersticial de dias chuvosos ou nublados e de criaturas não-Fernando só serve para dar realce maior ao sol limpo e ao Fernando, ao nosso caro e precioso Fernando, que dá sobretudo uma permanente lição de *droiture* moral e mental à recua de batráquios deste *paul* em que vivemos...

Como vemos, os documentos evidenciam a relação que Monteiro Lobato mantinha com educadores envolvidos diretamente na reestruturação educacional brasileira daquele momento, bem como sua consciência e preocupação em acompanhar tais mudanças. Além de o escritor e os educadores voltarem suas preocupações para um mesmo "público-alvo", os objetivos traçados para ele também eram semelhantes. Assim como os adeptos do escolanovismo, Monteiro Lobato desejava capacitar seus leitores para atuarem de modo significativo no meio social. Como afirma Campos (1986, p.26), "a literatura infantil de Monteiro Lobato parece conter o objetivo político bem claro de formar cidadãos, despertando nas crianças a curiosidade intelectual e a atitude crítica".

Também alguns artigos do escritor revelam explicitamente sua preocupação significativa em relação à educação e à cultura. No artigo *A morte do livro*, por exemplo, de modo irônico ele exalta o papel transformador do livro e destaca como o saber pode ser "revolucionário":

> O livro é um mal. Envenena o escol e azeda o povo. Inocula os germes da revolução. Junto com os ovos de caruncho traz larvas de Lenines, Rousseaus e Luteros, agitadores perigosíssimos. É ele que desvia de honestas carreiras comerciais tantas aptidões preciosas. (apud ibidem, p.52)

Indignado com o descaso do governo em relação à edição de livros no Brasil, por seu alto custo, ele chegou a imaginar "uma hipotética regressão do país a uma sociedade tribal", conforme afirma Campos. Tal regressão decorreria de crescente ignorância e desinformação por falta exatamente deste veículo de (in)formação: "a estrangulação da indústria editora é o primeiro passo; o segundo virá com a supressão das escolas. Depois... é regressarmos à tanga... à rede, ao anzol de osso, à zarabatana. Araras e tucanos no ar, um pajé no Catete, vinte feiticeiros no Monroe..." (ibidem, p.186).

A educação está vinculada ao progresso e ele só subsiste por meio dela. A preocupação e valorização da educação por parte de Monteiro Lobato advinha também, segundo Campos (1986, p.54), da imagem pessimista que o escritor tinha do povo brasileiro, que resultou na personagem Jeca Tatu: "O homem brasileiro, improdutivo no trabalho, em consequência das condições de vida a que estava submetido, era improdutivo também no pensamento e na ação". Já comentamos que ela representava a imagem do brasileiro que deveria ser combatida naquele momento. A começar pelos intelectuais envolvidos nas mudanças que então ocorriam, o Brasil deveria caminhar para o progresso e ele só ocorreria mediante a formação, a educação do povo brasileiro.

A convicção de que o presente mostrava-se assim tão obscurecido, tão necessitado de mudanças sérias e profundas, pode ter levado Monteiro Lobato a voltar-se para as crianças como tentativa de crença no futuro. Tal pensamento parece implícito no texto justamente intitulado *A criança é a humanidade de amanhã*, em que afirma: "A criança é a humanidade de amanhã. No dia em que isto se transformar num axioma – não dos repetidos decoradamente, mas dos sentidos no fundo da alma – a arte de educar as crianças passará a ser a mais intensa preocupação do homem" (Lobato, 1964, p.249).

A ideia de que o "saber" possui intrinsecamente tal papel transformador também está sintetizada na famosa frase "Um país é feito por homens e livros", de autoria do próprio Lobato e presente na obra *América*. No mesmo artigo, ele ainda afirma:

> Com homens e livros. Nos livros está fixada toda a experiência humana. É por meio deles que os avanços do espírito se perpetuam. Um livro é uma ponte de fio que diz: "Aqui parei; toma-me e continua, leitor". "Platão pensou até aqui: toma o fio do seu pensamento e continua, Spinoza". (idem, 1962, p.45)

Eis o grande ponto de convergência entre a concepção escolanovista e a crença de Lobato que o impulsionou, em parte, a escrever para crianças: a ideia de que o saber, a cultura seria o motor transformador por excelência da sociedade. Ou seja, assim como a maioria dos educadores brasileiros durante as décadas de 1920 e 1930 acreditava que a sociedade brasileira precisava e só seria transformada pela educação, Monteiro Lobato também apostava na formação de seu leitor e das crianças em geral para dar um novo impulso à cultura nacional.

Tanto os intelectuais que fizeram parte da ABE quanto os "pioneiros da educação nova" estavam convencidos de que o Brasil deveria "modernizar-se" em direção ao "progresso", e isso só ocorreria pelo investimento educacional.

Monteiro Lobato, a seu modo, também enveredou por esse caminho e investiu em um projeto de literatura infantil cujo objetivo principal era formar uma nova mentalidade nacional. Para Campos (1986, p.26), "essa intenção, esboçada em 1921/1922 nos seus primeiros livros infantis, encontramo-la plenamente desenvolvida entre 1931 e 1943, período em que escreveu definitivamente sua obra para crianças".

Segundo ele, tal projeto resultou em uma literatura infantil engajada, em que a onipresença da realidade brasileira revela que o conhecimento da realidade é o objetivo intencional de Monteiro Lobato. O atraso mental do Brasil que, por sua vez, era resultado do atraso material, da pobreza e de suas sequelas, deveria ser combatido, pois as ideias eram, para o escritor, primordialmente, os meios de transformação ou de conservação do mundo. "Foi com o objetivo de combater essa mentalidade atrasada que Lobato escreveu tanto, fazendo de sua palavra um instrumento a serviço das mudanças" (ibidem, p.51).

A primeira obra de Monteiro Lobato dirigida para esse público, *A menina do narizinho arrebitado* (1920), já foi significativa, pois foi adotada pelo governo de São Paulo para o primeiro ano das escolas públicas. O anúncio da obra afirmava: "É um livro fora dos moldes habituais e feito com o exclusivo intuito de interessar a criança na literatura. *O livro que não interessa à criança é um mal; cria o desapego, quando não o horror à leitura.* [...]". O sucesso foi tanto que já no ano seguinte ele publicou *O saci* e *Fábulas de Narizinho*. Este último foi aprovado pela Diretoria da Instrução Pública dos estados de São Paulo, do Paraná e do Ceará e posteriormente aumentado gerando o livro *Fábulas* (originalmente de 1922). No final desse livro, Monteiro Lobato (1972, p.171) ressalta como tais narrativas são importantes para a formação intelectual e o caráter das crianças, ao afirmar:

> As fábulas constituem um alimento espiritual correspondente ao leite na primeira infância. Por intermédio delas a moral, que não é outra coisa mais que a própria sabedoria da vida acumulada na consciência

da humanidade, penetra na alma infante, conduzida pela loquacidade inventiva da imaginação.

Desde o início de sua carreira como escritor infantil, Monteiro Lobato deixa evidente seu anseio em aliar "saber" e "prazer" nas obras por ele produzidas, e a fórmula rendeu boa aceitação nos meios escolares, tornando-os um dos meios de divulgação delas.

Justamente em uma época em que antigas metodologias de ensino eram questionadas, conforme já vimos, e intelectuais e pedagogos exigiam profunda reestruturação do sistema educacional brasileiro, Monteiro Lobato começa a produzir obras do gênero. Como já dissemos, semelhantemente à proposta escolanovista, a produção infantil lobatiana visava despertar no leitor, por seus conhecimentos e interesses, sua potencialidade como protagonista, como agente social. Como afirmam Azevedo, Camargos e Sacchetta (1997, p.164),

> intuitiva e pioneiramente, Monteiro Lobato já explorava o imaginário, percorria os arquétipos e viajava pelos meandros do inconsciente coletivo de uma maneira crítica e criativa. Por meio de suas invenções narrativas ensinava a meninada a questionar a veracidade das convenções impostas pelos adultos.

Parece haver certo consenso entre os estudiosos das obras lobatianas acerca de seu caráter engajado e sua constituição como via interventora e reparadora da sociedade brasileira, baseados logicamente nos princípios de seu criador, Monteiro Lobato. Esta ânsia de mudar o país, segundo Garcia (1982, p.32), concretizaria

> uma literatura voltada para o esclarecimento das novas gerações (iluminismo) fundado nos avanços tecnológicos (cientificismo) do desenvolvimento inexorável (evolucionismo) e numa visão de responsabilidade social do indivíduo (idealismo + liberalismo). Lobato fez de sua obra infantil a versão desejável de país, a democracia social, ensaiada do Sítio do Picapau Amarelo.

Tais princípios estão bem presentes em *História do mundo para as crianças*, como bem devemos lembrar. Seu veio condutor é o evolucionismo, exaltado sobretudo pelas mostras de progresso tecnológico ocorrido desde a Pré-história até o início do século XX. Mas ele também é decorrente da sabedoria, do conhecimento que proporcionou tantas modificações. Tanto é assim que, se as invenções da bússola e da pólvora merecem um capítulo do livro (Lobato, 1933, cap. LV), a invenção da imprensa também merece outro (idem, 1933, cap. LVII). Vimos como a atuação de determinados indivíduos, classificados como "heróis", advém muitas vezes da cultura que possuem, de um saber diferenciado que adquiriram e que os capacitou a efetuarem "grandes feitos". Como bem salienta Vasconcellos (1982, p.45),

> toda a história entre o Renascimento e a Revolução Francesa é centrada nas figuras de uma série de reis – especialmente os que ocidentalizaram seus país, tiveram uma "educação superior" etc. Os nomes dos capítulos referentes a essa fase são sugestivos: *"O 'rei' Isabel", "A idade de Isabel", "Um rei que perdeu a cabeça", "Os Luízes", "Pedro, o Grande", "Frederico, o Grande"*. É também reconhecida a influência de alguns homens excepcionais, de valor pessoal extraordinário – aventureiros ou sábios.

A questão do "saber" nas obras infantis de Monteiro Lobato é tão evidente que originou uma dissertação dedicada totalmente ao assunto: *O saber impotente*, de C. Z. Camenietzki (1998). O trabalho teve por objetivo, em um primeiro momento, avaliar como se apresenta e qual o valor atribuído à noção de "saber científico" na obra infantil lobatiana. Segundo o autor, a visão científica está sempre presente nas produções lobatianas, mas sofre algumas alterações no decorrer do tempo. A fim de facilitar a exposição dessa problemática, o autor aponta três momentos distintos relativos a tais alterações.

O primeiro é denominado "saber inútil" e compreende os primeiros textos infantis, incluindo *Reinações de Narizinho* e *O saci*. Segundo Camenietzki (ibidem, p.21), neles Monteiro Lobato

> apresenta a cultura e o saber como dual, conflitante. Em seu interior se confrontariam o novo e o velho consubstanciados em uma ciência práti-

ca, empreendedora, contraposta a um saber acumulativo, bacharelesco, retórico e inútil. O Visconde é, antes de tudo, um chato, um desmancha--prazeres. O Saci critica veementemente a civilização moderna. Os cientistas tradicionais são postos como contemplativos e rabugentos.

O segundo momento caracteriza-se pela presença do "saber útil" e compreende aproximadamente os textos publicados entre 1932-33 e 1940. Fazem parte dessa fase obras como *Emília no país da gramática* (1934), *História das invenções* (1935), *Aritmética da Emília* (1935), *Geografia de Dona Benta* (1935), *O poço do Visconde* (1937), *A reforma da natureza* (1941) e também *História do mundo para as crianças*. Conforme Camenietzki (ibidem, p.22), "a visão científica desta fase é diametralmente oposta à anterior. Lobato registra a importância da engenhosidade científica, o saber é valorizado. Mesmo a erudição tem seu lugar no terreno das realizações humanas. É a redenção da humanidade pela ciência".

Finalmente, o terceiro momento, o do "saber malversado", diz respeito aos últimos textos produzidos por Lobato, como *A chave do tamanho* e *Os doze trabalhos de Hércules*. Neles, o escritor

registra a distorção da ciência pela civilização. Ele se apresenta decepcionado com a humanidade. Em parte, principalmente em *Os doze trabalhos de Hércules*, o Visconde volta a assumir algumas de suas características da primeira fase; ele volta a ser um avoado e distraído sábio. (ibidem)

O "saber útil", conforme qualificação do autor, é o que nos desperta maior interesse, por corresponder ao período em que foi produzida a obra *História do mundo para as crianças*. Infelizmente esta obra não é analisada por Camenietzki, que se detém nos textos *A reforma da natureza*, *O poço do Visconde* e *Viagem ao céu*. Entretanto, é interessante como alguns pontos ressaltados por ele também estão presentes em *História do mundo para as crianças*. Em *O poço do Visconde*, por exemplo, a técnica e a ciência são apresentadas, segundo ele, como um elemento positivo para o processo civilizatório. O saber e a ciência são enaltecidos por afirmações como "Quem não sabe é o mesmo que ser cego", ou "Que gostoso é saber, hein, Narizinho?" (ibidem, p.54 e p.61).

Fato semelhante ocorre também na adaptação de Lobato do texto de Hillyer, como já tivemos oportunidade de averiguar. Além disso, os sábios também são apresentados como os grandes condutores da humanidade, e a ciência é exaltada, principalmente por seu valor prático, tanto que a busca pelo petróleo pelas personagens lobatianas é justificada porque é "o poço de petróleo que vai salvar o Brasil" (ibidem, p.77). "A salvação do Brasil será operada por um poço encontrado com a ciência do Visconde e perfurado com técnicas sofisticadas. A ciência ocupa, nesta salvação, um papel importantíssimo: possibilita a redenção do País" (ibidem, p.36). Como vemos, o valor do conhecimento nessa obra ficcional corresponde à expectativa que Monteiro Lobato depositava no caminho para a transformação "real" do Brasil. A ciência seria redentora, tanto no plano ficcional quanto na esfera da realidade.

Já vimos que o processo educacional, tanto para os escolanovistas quanto para o próprio Monteiro Lobato, fugia do convencionalismo. Também comentamos que os princípios da escola nova foram combatidos por setores conservadores da sociedade, em especial por sua parcela católica. Parte da obra infantil lobatiana também passou por esse processo, foi veementemente criticada e até proibida nos meios escolares. *Geografia de Dona Benta*, segundo Cavalheiro (1955, p.590), "foi denunciada como obra deletéria, separatista, 'sintoma alarmante da desagregação subterrânea do Brasil'". *O poço do Visconde* foi considerado "herético", por causa das afirmativas do Visconde de Sabugosa sobre a presença de petróleo no Brasil. *História do mundo para as crianças* é a que mais parece ter suscitado reações contrárias e causado polêmica no meio educacional, chegando a ser proibida fora do Brasil. No próximo tópico comentaremos mais detalhadamente a recepção controversa desta obra lobatiana.

Todos os fatos apresentados até aqui deixam claro que Monteiro Lobato não estava alheio às mudanças educacionais ocorridas durante as décadas de 1920-30 no Brasil; ao contrário, partilhava de muitos pontos da renovação proposta pelos educadores da Escola Nova, principalmente no que dizia respeito à modernização do país. Suas obras nem mesmo escaparam de críticas e até de proibições dentro e fora do

Brasil. Seu investimento na literatura infantil advém da preocupação com o futuro do país, que precisava sofrer mudanças para acompanhar o "progresso". Isso porém dependeria da conscientização do povo brasileiro, que deveria atuar decisivamente como "cidadão", responsável pela nação brasileira. Essa tomada de consciência por sua vez dependeria da educação, da disseminação de determinado "saber" que instrumentalizasse o homem brasileiro para empreender tais modificações. Portanto, para que houvesse profundas mudanças no Brasil, tanto no âmbito político quanto no social, seria necessário também que ocorressem significativas mudanças de mentalidade. A educação seria então a ponte para um país "melhor", um Brasil moderno e civilizado.

O ensino de história

Examinamos no tópico anterior algumas modificações que atingiram o contexto educacional brasileiro durante as décadas de 1920 e 1930, e ainda como Monteiro Lobato acompanhava e se posicionava diante da questão educacional no Brasil. Neste tópico vamos tratar especificamente do ensino de história nesse período e avaliar como o conceito de história difundido por *História do mundo para as crianças* se aproxima ou distancia do que era estudado nas escolas.

Todos os autores consultados sobre o tema ressaltam a influência francesa no ensino brasileiro em geral. Nadai (1993, p.143) afirma que o ensino de história até os dias de hoje foi conduzido por um modelo hegemônico surgido no século XIX na França, momento em que a história passou a ser considerada disciplina escolar autônoma. Nessa época, ocorreu a unificação de duas tradições do século XVIII: o *discurso enciclopédico*, responsável pela difusão da doutrina do progresso, e a *elaboração metodológica*, remodelada no século XIX com a adoção do método científico, dado pela concepção positivista. Esta estabeleceu um novo sentido para a história, aliando progresso e método científico. Como afirma a autora, citando Furet, "a grande mutação do século XIX foi esta: 'a história é a árvore genealógica das nações europeias e da civilização de que são portadoras'" (ibidem, p.145).

No Brasil, a partir também desse período, a discussão da história como disciplina escolar esteve atrelada à disputa entre o poder religioso e o avanço do poder laico, civil, sobre a história universal. Como já vimos, tal embate estendeu-se por todo o processo educacional e perdurou até o século seguinte, resultando, até mesmo, na oposição entre os escolanovistas e os setores conservadores e católicos.

Sob a influência do pensamento liberal francês e do movimento regencial, após a Independência de 1822 foi criado o Colégio Pedro II, no Rio de Janeiro. Durante o Império ele funcionou como estabelecimento padrão do ensino secundário, o mesmo ocorrendo na República, sendo neste período denominado Ginásio Nacional. Seu primeiro regulamento, elaborado em 1838, determinou a inserção dos estudos históricos a partir da 6ª série. A influência francesa foi assumida por seus próprios idealizadores, como mostra parte do discurso do então ministro e secretário de Estado da Justiça do Império, Bernardo Pereira Vasconcelos, na inauguração de tal instituição: "Foi preciso buscar no estrangeiro a experiência que nos faltava, a atuação irresistível que então exerciam sobre nós as ideias, as instituições e os costumes franceses, impôs-se o modelo francês" (apud Nadai, 1993, p.146).

A história inicialmente estudada no Brasil foi a história da Europa Ocidental, concebida como a "verdadeira História da Civilização". A história nacional constituía papel secundário, ocupando um espaço mínimo na carga horária. Durante a República, essa identificação com a história da Europa foi aprofundada. Ressaltavam-se fatos relacionados à constituição da nacionalidade e da nação, envolvendo personagens célebres, conforme previa o primeiro projeto de reforma da instrução pública, de 1892.

Conforme Nadai, os programas de ensino propostos e as produções didáticas adotadas pelas escolas no início desse século demonstram que o estudo da história ocupou-se em todo o Brasil de disseminar "representações que procuravam expressar as ideias de nação e de cidadão embasadas na identidade comum de seus variados grupos étnicos e classes sociais constitutivos da nacionalidade brasileira" (ibidem, p.149). A seleção dos assuntos abordados foi determinada pelas ideias de nação, cidadão e pátria. O discurso histórico utilizado enfatizava a busca de equilíbrio social e a contribuição harmoniosa e pacífica dos variados e diferenciados grupos sociais, passando a imagem de uma sociedade brasileira democrática e sem preconceitos de nenhum tipo. A recuperação do passado ocorreu para legitimar tal discurso. Por isso, a escravidão negra foi apresentada como uma ocorrência "pacífica" e a escravidão indígena foi praticamente silenciada. Até a presença portuguesa foi chamada de "ocupação" de um espaço natural, vazio, e não tratada como "conquista" de um território.

Tais abstrações realçavam a imagem de um país irreal, mascarando as desigualdades sociais, a dominação oligárquica e a ausência da democracia social. Tal visão histórica acabou por aproximar o país muito mais do modo de vida europeu, "civilizado", chegando a ignorar ou desvalorizar a relação do Brasil com outros países da América e da África, continentes esquecidos pelo currículo escolar desse período.

A cronologia apresentada era eminentemente política, marcada por tempos uniformes, sucessivos e regulares. As mudanças apresentadas seguiam os rumos da política e as ações encadeavam-se sucessivamente. "Passa-se também a ideia de que o movimento histórico é realizado por obra e graça de um único agente – o indivíduo" (ibidem, p.151). Por isso os "heróis nacionais" são cultuados desde o início da República e ultrapassam o espaço escolar, tornando-se motivo para a instituição de feriados e festas cívicas. Como conclui Nadai (ibidem, p.152), nesta concepção de história fica evidente

a grande influência do positivismo. O conceito de fato histórico, a neutralidade e objetividade do historiador/professor ao tratar do social, o papel do herói na construção da Pátria, a utilização do método positivo permearam tanto o ensino quanto a produção histórica.

A reforma Francisco de Campos (1931) foi responsável pela "multiplicação das disciplinas históricas" após os anos 1930, conforme dissemos anteriormente. Conforme Guy de Holanda (apud Bittencourt, 1990, p.32), "o estudo de História, a partir de 1931, recebeu uma muito maior extensão do que em todos os currículos anteriores. A Reforma

Francisco de Campos a incluiu em todas as 5ª séries do curso secundário fundamental e na 1ª série do complementar pré-jurídico".[10] Esta "extensão" do estudo de história não significou, contudo, uma alteração qualitativa dos conceitos difundidos. O modelo pedagógico francês continuou a imperar e com ele a ideia de história aliada ao progresso e à constituição da nação.

Apesar de a história do Brasil e da América dever constituir, segundo previa a Reforma de 1931, o centro de ensino nessas séries, a história da civilização não deixou de ser estudada. Ao contrário, parece que ela predominava no contexto escolar, porque era difundida pelas demais disciplinas escolares relacionadas à área humanística. Disciplinas relacionadas às línguas e à literatura, como o inglês, faziam referências a assuntos e personagens relacionados à história. Todavia, como bem ressalta Bittencourt (1990, p.61), esse estudo humanístico empreendido pelas escolas não indicava apenas mera transposição da cultura europeia, mas era

"instrumento para que se difundissem no jovem brasileiro *as ideias liberais, os sentimentos patrióticos conforme se lê nos oradores da Antiguidade, sobre os deveres do homem nos filósofos e sobre as ações dos grandes, dos poetas...*".

A história constituía-se na perspectiva de se pertencer ao mundo civilizado cristão. A história nacional compunha-se da relação do passado da Antiguidade ocidental, do mundo medieval e moderno com o percurso dos brancos no espaço brasileiro. O nacional era entendido não como o lugar em que viviam os negros, índios e mestiços, mas o branco civilizado, carregado das tradições dos antigos, resultado da evolução histórica ocidental.[11]

Segundo Furet (apud Bittencourt, 1990, p.63),

---

10 É bom ressaltar que o ensino secundário, a partir dessa reforma, foi dividido em dois ciclos: um fundamental, com duração de cinco anos, e outro complementar, com dois anos. O primeiro tornou-se obrigatório para o ingresso em qualquer escola superior e o segundo, somente para determinadas escolas.
11 O trecho em itálico é parte do discurso de Bernardo de Vasconcelos na inauguração do Colégio Pedro II.

trata-se, portanto, de formar através do ensino da história, uma ciência social geral, que ensine ao mesmo tempo aos alunos a diversidade das sociedades do passado e o sentido geral de sua evolução. Mas esse passado continua a ser "genealógico", escolhido em função daquilo que se pretende anunciar ou preparar: a Antiguidade clássica, a Idade Média cristã, a Europa moderna e contemporânea. As outras sociedades, espalhadas no espaço, são abandonadas a outras disciplinas. A história só concede a honra de se interessar por aqueles que participam da "evolução", que é o outro nome do progresso.

Esta concepção de história como "ciência social geral" evidencia-se no programa de História proposto para o curso fundamental do ensino secundário em 1931, que consta no Anexo.[12]

Ainda sobre o relativo domínio francês no ensino de história no Brasil, é bom salientar outro fator que não permitiu mero transplante de ideias de uma cultura para outra: a atuação dos "militantes católicos, presentes no magistério e que ocupavam cargos burocráticos" (ibidem, p.79). Conforme Bittencourt, autores relevantes nesse momento, como Jonathas Serrano, divulgavam a ideia de que a dinâmica civilizatória estava ligada a um ser superior, estando o país predestinado ao progresso, segundo um plano divino. Eles se desviaram dos franceses pois acreditavam que o poder do Estado era limitado pela Igreja.

A partir da década de 1930, a atuação da Igreja Católica no meio escolar, inclusive nos colégios leigos, foi significativa em razão da produção crescente realizada por autores católicos. Apesar disso, segundo Bittencourt (1990, p.83),

o grupo católico e os que defendiam uma escola laica mantinham os mesmos personagens históricos na ação divergindo apenas quanto aos determinantes do caminho da humanidade, quer pela vontade do Estado ou pela vontade divina. Reproduziram, entretanto, o mesmo sentido evolucionista temporal, rumo ao progresso tecnológico, para os estudos da História da Civilização.

---

12 Anexo E – Programa de História para o Curso Fundamental do Ensino Secundário – 1931.

Ou seja, a concepção de história vinculada à ideia de progresso, de evolução, permanecia.

Tratamos até aqui apenas dos estudos concernentes à História da Civilização, pois esta é o cerne de *História do mundo para as crianças*. Não nos estenderemos ao conteúdo de História do Brasil adotado pelas escolas nesse momento, mas devemos ressaltar que também nele predominava a crença na civilização tecnológica. A Europa era apresentada como o seu "berço" e em certa medida a América do Norte era tomada como "modelo americano possível para os demais países da América". No fim da década de 1930, o programa de História do Brasil reforçava a ideia de "unidade nacional" e objetivava levar o aluno a compreender "as leis do progresso humano" e "a evolução e as tradições de sua prática". Ainda conforme Bittencourt, este ensino de história "caminhou no sentido de reforçar a 'unidade da Pátria', garantindo ainda as amarras com o mundo civilizado e a viabilidade de se construir um país moderno, moldado por 'elites' adequadamente preparadas" (ibidem, p.92).

Portanto, parece que *História do mundo para as crianças* não divergia muito da visão histórica difundida pelas escolas brasileiras durante a década de 1930, época de seu lançamento. Lembremos que nela a história é narrada de forma cronológica, linear e contínua. Segundo a concepção evolucionista, ela é apresentada como continuação da evolução natural. De acordo com Vasconcellos (1982, p.43),

> também como nos compêndios didáticos tradicionais, tratar de História é centralizar nos aspectos políticos mais exteriores: guerras, feitos de reis, governantes, conquistadores. Várias vezes se observa que a História é uma sucessão de "campeões". Outra definição dada: História = guerra mais invenções.

De fato, percebemos que a concepção de história da obra é movida por estes dois fatores díspares: a guerra, sinal da estupidez humana, e as invenções, expressões do conhecimento humano, resultado do saber tão valorizado por Lobato.

Também os indivíduos são os responsáveis diretos pela condução da história, segundo a obra. Ela "é vista como feita pelos grandes homens, principalmente pelos governantes – esses são muitas vezes moralmente julgados, censurados etc., mas está em suas mãos o poder de conduzir bem ou mal o destino dos povos" (ibidem, p.45). Outro aspecto tradicional da obra, ainda segundo Vasconcellos (ibidem, p.46), é que ela

> transmite vários lugares-comuns míticos quanto a fenômenos históricos – Nero, o governante arquimau; a Idade Média, época de trevas; a corajosa Joana D'Arc; o grande presidente Lincoln etc. Especialmente em relação à história do Brasil, passa a versão da descoberta por acaso, a lenda mítica do "Independência ou Morte", a visão de D. Pedro II como imperador filósofo etc.

Todavia, há outros pontos que a distinguem de tal contexto, tornando-a pouco tradicional para a época. Em um de seus textos, Lobato (1964, p.89) faz uma crítica aos livros de história utilizados nesse período, que privilegiavam seu aspecto factual:

> E então aposentaremos a velha traquitana desengonçada e melancólica a que ainda chamamos História do Brasil, dos Lacerdas e Pombos: essa triste máquina de inocular nos meninos duradoura repulsa por tudo quanto cheira a História. Ah, as nossas Histórias do Brasil, copiadas umas das outras, pioradas umas das outras, com aqueles donatários que não têm fim, com aquelas datas ultrainsignificantes, com aquelas guerras de Alecrim e da Manjerona que solenemente se denominam "Guerra dos Mascates", "Guerra dos Emboabas", "Revolução de 32" – com tudo reduzido aos passes da Administração e da Política! Aquela *congérie* de fatos sem alcance social, sem travamento no universal...
> Sim, nunca me hei de esquecer dos meus bocejos no colégio quando chegava o momento da aula de História do Brasil, uma "Hora Nacional" que tínhamos de ingerir... Apenas de um dos nossos "fatos históricos" guardei memória alegre: – um bispo Sardinha que naufragou nas costas do Norte e foi devorado pelos índios. Como me pareceu natural que os índios comessem um homem de tal nome...

É de fato notável como ele evita citar de forma excessiva nomes, datas e fatos, ao contrário de Hillyer que se preocupava também em incentivar sua memorização. Lobato concentra-se mais nos aspectos culturais das civilizações, levando os leitores a pensarem no cotidiano dos povos estudados. Assim como Hillyer, enfatiza as realizações artísticas, as religiões e as filosofias de cada povo, sempre salientando a importância do conhecimento e das inovações técnicas desenvolvidas por eles. Em contrapartida, as religiões são, em geral, criticadas por estarem relacionadas à ignorância e serem um entrave ao progresso e à ciência. Muitas vezes impulsionadas pelo fanatismo, originaram movimentos como as Cruzadas e períodos marcados pela "mais crassa ignorância", como a Idade Média. Segundo Vasconcellos (1982, p.76),

o fanatismo e a intolerância religiosa seriam ainda causas de violências e carnificinas: as Cruzadas teriam transformado as ruas de Jerusalém em riachos de sangue humano; os conquistadores das Américas, em nome de Cristo, teriam destruído as civilizações americanas; a época das guerras de religião na Europa é chamada de "terríveis tempos".

Há também preocupação em mostrar as discrepâncias entre os princípios e a prática religiosa, promovendo uma crítica em relação às autoridades religiosas e instituições e "verdades" por elas estabelecidas. Assim, se Cristo é exaltado por suas qualidades e pelos princípios que pregou, a Igreja Católica é censurada por, às vezes, distanciar-se de seus ensinamentos.

Hoje, *História do mundo para as crianças* pode não causar tanto impacto e parte do livro justificaria certas críticas, pelo tradicionalismo ainda presente. Todavia, não é difícil calcular a insatisfação que deve ter gerado em alguns setores da sociedade brasileira, principalmente nos vinculados ao catolicismo. Além disso, diante de outras obras dedicadas ao público infantil no mesmo período ou anteriores a ele, fica confirmado seu caráter transgressor e contestador. Comparando-a com *Cazuzza* (1937) e *História do Brasil para as crianças* (1934), de Viriato Correia, *Contos pátrios* (1904), de Olavo Bilac e Coelho Neto, e *Coração* (1925), de Amicis, Vasconcellos constatou: enquanto o mundo é apresentado, no texto lobatiano, como algo a ser mudado, nas demais impera uma visão conformista, restando às crianças apenas integrarem-se a ele pelo estudo e pelo trabalho.

Nenhuma contestação do poder estabelecido é sequer insinuada, e as relações sociais ou são deformadas por uma apresentação irrealista, idealizada, ou afogadas em naturalidade, seu caráter conflitual só aparecendo indiretamente (não explicitado como tal) no esforço de se incentivar as crianças de classe dominante a serem gentis com as outras... Uma questão de moral e boa educação. (ibidem, p.155)

O leitor lobatiano, ao contrário, é suscitado a questionar e refletir sobre os assuntos abordados, não só pelo ponto de vista adotado, mas pela própria estrutura narrativa que constitui a obra. A participação de várias personagens na narrativa promove a apresentação de opiniões diferenciadas e, em consequência, propicia ao leitor oportunidade de escolha.

Exige-se das crianças representadas na obra – e pela identificação com elas, aos leitores – uma atitude ativa, um posicionamento pessoal constante, e uma disposição de aplicar as conclusões tiradas a outros contextos. É grande o apelo à responsabilidade e à iniciativa da criança, porém o caminho que lhe é traçado não é mais o de comportamento conforme – que estude e trabalhe, a exortação de Viriato Correia – porém o da ação no sentido de mudar o mundo. (ibidem, p.156)

Como bem aponta a autora, a atitude de Lobato para com o destinatário de sua obra é radicalmente diferente da dos demais autores, pois ele é considerado um "sujeito a educar e não um objeto a moldar" (ibidem, p.157).

Não nos devem causar espanto, portanto, as críticas e proibições que recebeu a obra, mesmo anos depois de seu lançamento. Se parte dela acompanhava a visão histórica difundida pelos meios escolares do período – década de 1930, principalmente –, pontos significativos destoavam de tal contexto. Podendo hoje ser considerada ultrapassada ou conservadora, naquele momento causou fortes reações contrárias.

Questionando algumas "verdades" e propondo reflexões para o leitor infantil, mesmo prendendo-se a certos valores da época, é evidente o espírito contestador que nela prevalece.

História do mundo para as crianças: uma obra polêmica

História do mundo para as crianças foi, de todas as obras lobatianas, a que teve maior tiragem editorial entre os anos 1927-55, conforme levantamento feito por Penteado (1997, p.171). Nesse período, foram editados no total 92.156 exemplares, sendo 67.164 pela Companhia Editora Nacional e 24.992 pela Editora Brasiliense. Esses dados não são suficientes, obviamente, para avaliarmos o alcance da obra. Eles são apresentados apenas a título de curiosidade.

Algumas das cartas pesquisadas no Instituto de Estudos Brasileiros (IEB) da Universidade de São Paulo fazem referência explícita a essa obra de Lobato. Foram escritas por crianças, leitores lobatianos, e expressam significativas opiniões e sugestões aqui recuperadas. Apresentamos, a seguir, os trechos por nós selecionados, previamente identificados com o nome do remetente e local/data de origem:

> Caro amigo Monteiro Lobato:
> Como vai passando? [...] estou acabando de ler História do Mundo para as Crianças (li por último porque é muito grosso). Não há livros que me divirta mais do que os seus. [...] (Gilson Luiz Maurity Santos, Rio de Janeiro, 28 abr.1934)

> Caro Sr. Monteiro Lobato:
> Tendo lido seu interessantíssimo livro História do Mundo para as Crianças e num dos seus capítulos o Sr., referindo-se a Marco Polo, fala dum livro por este escrito, (Viagens de Marco Pólo) que promete a Narizinho traduzi-lo [...] (Solena Benevides Vianna Lima, São Paulo, 4 set. 1934)

> Sr. Monteiro Lobato:
> [...] O Sr. quer saber de uma coisa?

Deve escrever muitos livros no gênero de História do Mundo para as Crianças e Emília no País da Gramática, porque além de recreativos são altamente instrutivos e têm muita saída. (Dora Santoro, Rio de Janeiro, 4 maio 1935)

Querido Monteiro Lobato:

[...] Escrevo esta carta para vos elogiar pelos bons livros que escrevestes. Somos ateus, e pelo livro História do Mundo percebi que vós sois também. (Maria Luíza Pereira de Lima, Pelotas, 11 fev. 1936)

Ilmo. Sr. Monteiro Lobato:

[...] Estou estudando a história do Brasil e como acho muito cacete, peço por favor que o senhor escreva um livro sobre este assunto.

Acho que o senhor não quer escrever por que Viriato Côrrea plagiou dos seus contos, escrevendo logo a História do Brasil.

Mas por mim pode escrever por que certamente já o tinha imaginado e mesmo eu não gosto dos livros que Viriato Côrrea faz. Prefiro os seus. [...] (Sarah Viegas de Motta Lima, Rio de Janeiro, 18 maio 1937)

Dona Benta:

[...] Sabe uma conclusão que eu tirei? Que a senhora é uma "pedagoga revolucionária utópica possível".

Um momento, já explico. Pedagoga a senhora sabe o que é, por que, se não me engano, foi a senhora mesmo que me ensinou este termo. Revolucionária, por que o seu "método de camaradagem" não existe ainda no Brasil (talvez mesmo, no mundo). Utópica, por que com a mentalidade dos tais "adultos", o ensino é uma coisa tão sisuda, tão vital, tão obrigatório, que nos aborrece. O homem só executa bem aquilo que parte de si próprio. Toda coação é contraproducente. O homem é a "Independência ou Morte!" – mas ainda não descobriu disso. (Modesto Marques, Tatuí, 10 dez. 1945)

Monteiro Lobato:

Eu li o seu livro Reinações de Narizinho e gostei das respostas da Emília. Depois quando eu ganhei a Viagem ao Céu gostei mais ainda. E quando chegou a vez de História do Mundo para as Crianças, não gostei, não tinha graça. (Arnaldo Teixeira Mendes, 29 set. 1944)

Meu caro amigo Monteiro Lobato:

[...] espero uma resposta sua, como também desejo que Dona Benta apareça com um bonito livro cheio de ilustrações dando lições a gente sobre História do Brasil. Os seus livros me têm ensinado muita coisa e eu espero aprender muita coisa da História de minha Pátria com minha querida Dona Benta. (Severino de Moura Carneiro Jr.- Rio de Janeiro, 19 fev. 1945)

Ilmo Sr. Monteiro Lobato:
Estou lendo História do Mundo para as Crianças. Esse livro está me interessando muito, mas o capítulo que mais gostei foi "Marco Polo", justamente quando a Emília disse que ia pedir ao senhor para traduzir o livro Viagens de Marco Polo. Por isso escrevo-lhe renovando o pedido da Emília, isto é, que o senhor traduza o livro em que Marco Polo conta as suas viagens. [...] (Jeanette Saraiva de Toledo, São Paulo, s. d.)

Senhor Monteiro Lobato:
Eu tenho quase todos os seus livros. Tenho pelo senhor uma grande estima, por que suas histórias, bonitas e instrutivas, muito têm influenciado meus estudos. Fique o senhor sabendo que talvez eu tenha aprendido mais nos seus livros do que naqueles que usam no colégio. [...] (Fernando César Mergulhão, Rio de Janeiro, s. d.)

Bastante perspicazes, a maioria dos autores destas cartas reconhece o valor "instrutivo" de *História do mundo para as crianças*. Sem menosprezá-lo, solicitam que Lobato invista na fórmula aí desenvolvida, aliando "recreação" e "instrução". Eles querem se aproveitar do universo criado por ele e requerem de Dona Benta novos ensinamentos, pois seu método de ensino não aborrece. Todavia, parece que nem todos percebem os conceitos polêmicos subliminares contidos no texto lobatiano, à exceção da autora de uma das cartas, Maria Luíza Pereira de Lima, que "concluiu" que Lobato era ateu após ler *História do mundo para as crianças*.

Enquanto seus leitores infantis estavam mais interessados na forma instrutiva "agradável" da obra, os adultos preocuparam-se com os conceitos e ideias difundidos por ela. Cavalheiro (1955) relata, na biografia que escreveu sobre Lobato, as diversas formas de reação negativa dirigidas a ela. A chefia do Serviço das Instituições Auxiliares da Escola, do Departamento de Educação da Secretaria dos Negócios da Educação e Saúde Pública do Estado de São Paulo, condenou o livro em parecer oficial enumerando suas "inconveniências": discordava da ironia presente no comentário sobre a queima de café, "incutindo dúvidas sobre atividades governamentais no espírito das crianças" e condenava o trecho em que se aventava a morte precoce de Santos Dumont por ver sua invenção – o aeroplano – sendo usada para "matar gente e destruir cidades", até mesmo na Revolução de 1932 ocorrida em São Paulo. A parte mais polêmica, contudo, diz respeito à "defesa da 'formação cristã' da família brasileira: "Quaisquer ironias, diz o parecer, sobre os princípios religiosos, quaisquer conceitos mais ou menos avançados sobre o Deus da nossa fé, reputa-se falta grave contra todo o trabalho educacional" (ibidem, p.592). Como exemplo, é citado o trecho em que se afirma que o imperador Marco Aurélio, mesmo sendo pagão e perseguindo os cristãos, praticou mais a doutrina cristã que muitos imperadores adeptos dessa doutrina; também é condenada a passagem em que Dona Benta afirma que as ideias de Cristo, disseminadas por todo Ocidente, são insuficientes para acabar com as guerras. E o autor do parecer conclui: "Integre-se mais o autor no meio infantil, restringindo os seus próprios sentimentos e a criança paulista ainda muito lucrará da sua grande inteligência e da sua notável capacidade de trabalho" (apud ibidem, p.592).

História do mundo para crianças foi considerada tão polêmica que causou reações negativas até fora do Brasil. Segundo Cavalheiro (ibidem),

> o órgão oficial do Governo português pediu, e obteve, a proibição da obra em Portugal e colônias. Interpelado sobre as razões de tal atitude, Monteiro Lobato responde que só encontrava explicação no fato de pertencer à corrente que afirma ter sido o Brasil descoberto "por acaso". Ou então, hipótese mais provável, a de ter registrado a história das 1.600 orelhas cortadas à marinhagem árabe por Vasco da Gama, em Calicute, acontecimento aliás, que os portugueses omitem, mas que pode ser encontrado, entre outros, no compêndio de Albert Malot.

Por causa de tantas críticas, nas escolas oficiais e praticamente em todos os colégios católicos, é dada "uma ordem absurda, chocante: os livros de Monteiro Lobato devem ser retirados das bibliotecas escolares. As explicações para tais medidas falam em excessivo regionalismo, críticas desairosas ao Brasil, comunismo e outras pelo estilo" (ibidem, p.593).

A revista católica *O sino de São José* publica um anúncio em 1934: "CUIDADO! Tornamos a avisar a todos que o livro *História do mundo para as crianças* é péssimo e não deve ser lido por ninguém..." (apud ibidem, p.593). Já um boletim da Liga Universitária Católica Feminina apresentou uma análise de toda a obra lobatiana do ponto de vista da moral católica, apostólica e romana, afirma Cavalheiro (que não nos dá a data da publicação). O valor literário dessas obras, dada a qualidade de criação e expressão presentes nelas, é altamente reconhecido. Todavia, por causa de seu conteúdo moral elas são condenadas por conterem

situações, episódios, conselhos, conclusões morais que expressam grande pessimismo no valor dos homens, na sua capacidade de aperfeiçoar-se, numa ironia nada construtiva, mas quase sempre ao alcance da inteligência infantil e, por isso mesmo, perigosa. (ibidem, p.594)

História do mundo para as crianças é atacada por apresentar o surgimento do universo com base no evolucionismo e também por afirmar "inverdades e irreverências a respeito da Bíblia e da Religião" (ibidem, p.597).

Na década de 1940, as obras lobatianas continuaram a ser combatidas. O Colégio Sacré Couer de Jesus, localizado no Rio de Janeiro, solicitou que todas as alunas levassem para o colégio os livros que possuíssem, de autoria de Monteiro Lobato, para determinado fim que não foi a elas revelado. "Reunidos os volumes, depõe Raul de Lima, a Revma. Irmã e educadora fez uma fogueira, com alguns paus de bambu, e queimou-os todos." Um autêntico auto-de-fé. Em pleno ano de 1942! Na Capital do Brasil!", relata indignado Cavalheiro (ibidem, p.594).

Na década seguinte, o padre Adalberto de Paula Nunes (1951, p. 15) colocou em dúvida o valor de Monteiro Lobato como educador, "na boa e legítima acepção do termo". Segundo ele,

é indiscutível que seus livros instruem as crianças. Ele sempre conta às crianças uma súmula de conhecimentos úteis e aproveitáveis para enriquecer os conhecimentos de seus pequenos leitores. Não passa, porém, disto.

Não vai além, porque Monteiro Lobato instrui apenas, mas não educa, isto é, não eleva as crianças a um plano superior e não lhes transmite normas seguras e firmes de uma boa conduta para a vida de família e da sociedade.

Estamos precisando não tanto de crianças precocemente "sabidas" e extraordinariamente "espertas", e sim de meninos bem-educados, de vida morigerada e de formação moral, que é a única garantia para o futuro dessas crianças de hoje, que serão os homens de amanhã...

Anos mais tarde, outro padre – Sales Brasil – publicou *A literatura infantil de Monteiro Lobato ou comunismo para crianças* (1956), endossando ainda mais as críticas em relação às obras infantis lobatianas. O autor acusa Monteiro Lobato também por ser adepto do evolucionismo, e consequentemente materialista e ateu intransigente. Também o critica por promover, pela personagem Emília, uma desestruturação das regras de convivência e polidez e por pregar uma moral "relativista e diluidora", conforme palavras de Campos (1986, p.125). O livro originou-se de uma conferência, pronunciada pelo padre em 7 de novembro de 1956, na Associação dos Funcionários Públicos da Cidade de Salvador. A obra foi elogiada por (obviamente) periódicos católicos, como a *Semana Católica*, que afirmou: "Monteiro Lobato foi um errado na Literatura Infantil. Este é o tema".[13] Já o jornal *A Tarde* (8 nov. 1956) afirmou que o padre fez um "verdadeiro diagnóstico da intoxicação da infância pelos livros que lhes destinou o grande escritor, Monteiro Lobato; grande, mas ímpio, faccioso e retintamente comunista". O *Diário de Notícias* (9 nov. 1956) elogiou a obra por advertir "de modo geral, os cristãos, sobre os perigos a que se expõem as nossas crianças no contato com essa literatura".

---

13 Artigo de 18 nov. 1956, presente na apresentação da obra referida.

No decorrer da obra, Sales Brasil apresenta uma série de negações que Monteiro Lobato apresenta às crianças e que fazem parte do que chama "programa comunista". A primeira negativa diz respeito, segundo ele, a uma causa superior à matéria. Para comprová-la, cita a passagem sobre a formação do mundo, presente em *História do mundo para as crianças*, baseada na teoria evolucionista de Darwin, de clara inspiração evolucionista. Outra negação refere-se à divindade de Cristo e à existência de Deus, presente, por exemplo, na passagem em que Lobato, após criticar os conquistadores espanhóis, responsáveis pela implantação do catolicismo na América do Sul, elogia Jesus Cristo: "Foram infames até nisso, de esconderem a insaciável cobiça sob o nome do homem tão sublimemente bom que até virou deus". E completa o autor: "(Deus, com letra pequena!)" (1957, p.48).

Lobato também é criticado por afirmar que foi graças ao imperador Constantino e ao Concílio de Niceia que Jesus Cristo foi reconhecido como o próprio Deus; segundo Brasil, as escrituras já trazem a afirmação e, portanto, Lobato não se importaria com esses livros e ignoraria seus ensinamentos (Campos, 1986, p.125). Como ressalta Campos, a obra elenca uma série de acusações dirigidas a Monteiro Lobato, considerado "insidioso literato': "corruptor de crianças", "desestabilizador das famílias", "comunista", "lacaio de Moscou" etc. Este livro, "escrito por um padre e publicado por uma editora religiosa (Irmãs Paulinas), deixa claro que a Igreja e os segmentos sociais mais conservadores sentiam-se incomodados com a literatura infantil de nosso autor" (ibidem, p.125).

Muitos contestaram essa obra que criticou Lobato e o acusou de ser comunista. João Palma Neto declarou: "Sem sentimento cristão, sem dignidade literária, o padre Sales Brasil corveja sobre a memória de Monteiro Lobato". E ainda:

> aceitando o desafio lançado no Salão da Reitoria, na qualidade de amigo incondicional de Monteiro Lobato, e com o fim exclusivo de comprovar a desonestidade dos *métodos de análise* utilizados pelo Reverendo Padre Brasil, em sua infeliz conferência sobre a obra infantil de Monteiro Lo-

bato, proponho-me a demonstrar ser até a Bíblia um livro terrivelmente subversivo e profundamente imoral, se lidos e comentados alguns de seus trechos, à *maneira* do dito Reverendo.[14]

Edgard Cavalheiro, em artigo intitulado "Intelectuais paulistas repudiam a crítica aos livros de Lobato", publicado na *Folha da Manhã* em 30 de agosto de 1957, criticou o método de análise do padre Sales Brasil, alegando:

tudo quanto contradiz as convicções políticas e religiosas do padre Brasil é comunismo. E para provar sua tese ele cata trechinhos ou frases aqui e ali, desligando-as do todo e interpretando-as a seu modo. Dessa maneira qualquer sujeito de primeiras letras provará também que a Bíblia é comunista.

Em seguida, aponta uma série de qualidades da literatura infantil lobatiana, e conclui: "Acoimar, por isso, seus livros infantis de comunistas, é tolice. Ou má-fé. Ou burrice. Ou tudo isso junto" (ibidem).

No mesmo artigo, Paulo Dantas afirma que "se Lobato fosse seguir de perto as normas do clero, da Pedagogia e da convenção, jamais teria sido o grande e inconfundível escritor que foi".

Em outro artigo, o escritor Érico Veríssimo (1957) não só elogia a obra de Lobato, como também faz um apelo contundente:

Não creio que a obra de Lobato seja nociva à infância. O que penso é que o pai de cada criança que lê as histórias desse grande escritor devia estar ao pé do filho para ajudá-lo com esclarecimentos e interpretações. Acho que é um absurdo atacar os escritores que com seus livros ou artigos lutam por um mundo melhor de paz e justiça social. Em vez de atirar pedras neles, devíamos tratar de reformar, melhorar o mundo, a sociedade em que vivemos, para que nenhum escritor jamais tivesse o direito de ser pessimista. Por favor, não privem as crianças dos belos livros de Lobato!

---

14 Trecho da fotocópia de um provável panfleto, encontrado em uma das pastas referente a Monteiro Lobato, pertencente ao acervo da Biblioteca Municipal Monteiro Lobato, localizada na cidade de São Paulo.

Essa polêmica, gerada pelo livro do padre Sales Brasil, retrata o embate que ainda existia entre os princípios escolanovistas – sobretudo quanto à gratuidade e laicização do ensino – e a Igreja Católica, que lutava pela permanência da dominação de seus ensinamentos dogmáticos também na área educacional. As teorias cientificistas – positivismo e evolucionismo – que influenciaram Lobato estão bem presentes em *História do mundo para as crianças*, como tivemos oportunidade de averiguar. Ora, tais ideias, progressistas ainda para aquele momento, eram totalmente contrárias às pregadas pela Igreja Católica. A polêmica expressava então, na verdade, a luta acirrada e significativa no cenário brasileiro desse período entre progresso e conservadorismo, educação laica e educação religiosa, cientificismo e obscurantismo.

O maior incômodo causado pelas obras lobatianas advinha do fato de que as personagens, muitas vezes, vão contra o tradicional incentivo à obediência, aos bons modos, à boa linguagem e à educação. Entretanto, como bem ressalta Vasconcellos, o que está em questão não é o incentivo à desobediência das crianças, mas "o estímulo da sua independência face aos adultos e à sua possibilidade de recusar os valores e modos de ação por eles oferecidos, buscando outros" (1982, p.142).

Autores mais recentes criticam essa obra lobatiana sob outro prisma. Ela não é "condenada" por apresentar conceitos polêmicos, mas considerada principalmente devido a seu caráter "didático", que tenderia a certo utilitarismo.[15] Alguns autores, ao promover uma classificação das obras lobatianas, a avaliam desse ponto de vista. Perroti cita a divisão feita por João Carlos Marinho em três grupos, pela consciência que Lobato tinha da distinção entre literário e didático, estético e utilitário. O primeiro grupo envolve as obras em que há uma história livre ou uma história bem casada com propósitos didáticos. É o caso, por exemplo, de *Reinações de Narizinho*. O segundo grupo é formado por aquelas em que há predomínio de intenção didática e "não há literatura": *História do mundo para as crianças* está incluída

---

15 Segundo Perroti, um texto utilitário é aquele que privilegia determinada finalidade prática: uma causa, uma premissa, uma intenção prática. Geralmente, em obras do gênero, a parte estética fica comprometida pelo pragmatismo nelas presente.

nesse grupo. Finalmente, o terceiro grupo abrange as "histórias de fora do sítio, contadas nas reuniões do sítio, onde um personagem, geralmente Dona Benta, é narrador, e os demais são ouvintes e palpiteiros" (apud Perroti, 1986, p.64). É o caso de *Fábulas*, entre outras. Marinho é taxativo quanto ao segundo grupo: "Estamos declaradamente fora da literatura, são compêndios escolares com pretensões de originalidade" (ibidem).

Vasconcellos também classifica as obras infantis lobatianas em três grupos: ficcionais, adaptações e paradidáticos. *História do mundo para as crianças* faz parte deste último grupo que, segundo ela, também contém obras em que a narrativa é feita "sob a forma de falas (lições) de um narrador dirigidas às crianças" (1982, p.27), a exemplo do que ocorre no segundo grupo.

Penteado (1997, p.194), por sua vez, apesar de não classificar as obras infantis lobatianas em grupos, também considera a obra como "primeiro dos livros 'didáticos' ou 'paradidáticos' de Lobato".

Embora adaptação de uma obra didática como *A Child's History of the World*, não podemos interpretar essa obra lobatiana apenas como tal. As classificações podem ser úteis e justificáveis diante das propostas de seus autores, mas como todo processo classificatório, são reducionistas. Vasconcellos, por exemplo, reconhece que a polifonia foi instaurada por Monteiro Lobato na literatura infantil brasileira e considera que esse recurso contribui para o espírito crítico do leitor. Vimos anteriormente que esse recurso também está presente em *História do mundo para as crianças*: a polifonia é um dos diferenciadores da adaptação lobatiana em relação a seu original. Perroti (1986, p.63) aponta, citando Vasconcellos, que a estrutura dialogada presente nas *Fábulas* (que é a mesma que a dessa obra)

> evidencia que a preocupação do autor é, antes de mais nada, contribuir para o desenvolvimento do espírito crítico do leitor. E, para tanto, não lhe serve uma narrativa unidirecional, fechada, como a narrativa didática. Ao contrário, é a narrativa aberta, "polifônica", multidirecionada, "artística", que poderá levar o leitor a alcançar o espírito crítico.

Por isso corroboramos a posição de Yunes (1982, p.48), que considera impraticável uma divisão clara das obras lobatianas, pois nelas a fantasia alia-se à realidade, e quando beiram o didatismo ou apelam para a intertextualidade, as personagens atuam como condutores críticos do texto. Devemos, portanto, ter cuidado para não corrermos o mesmo risco daqueles que tentaram qualificar Lobato quer de "comunista", quer de "pré-modernista". *História do mundo para as crianças* e seu autor devem ser avaliados com muito cuidado, senão correm o risco de ser qualificados de modo impróprio e/ou insuficiente.

Enquanto alguns leitores infantis elogiaram sua fórmula aparente de "instruir brincando", adultos conservadores a condenaram por apresentar conceitos polêmicos e críticas variadas. Mais recentemente, os estudiosos a classificaram como "didática", o que pode implicar certa desvalorização do texto. As diferenças de opinião resultam das diferenças de mentalidade que surgem com o passar do tempo. Os poucos dados coletados, relativos à recepção da obra, mostram como a leitura se modifica dependendo do leitor e dos pontos de vista por ele adotados. A obra literária pode ter certos complexos de controle, mas ela só se completa com o leitor, que é um ser histórico e social. Portanto, a dinâmica da leitura altera-se para acompanhar a mobilidade da história.

Conclusão

Nossa proposta foi, principalmente, analisar as estratégias textuais e o conceito de história presentes nas obras de Hillyer, Rangel e Lobato. Comentamos brevemente a repercussão de *História do mundo para as crianças*. Notamos que enquanto os textos de Hillyer e Rangel visam principalmente despertar o interesse do leitor para os fatos narrados, o texto de Lobato vai além, propondo discussões e almejando despertar o senso crítico de seu leitor. Estruturado de forma dialógica, promove uma discussão de fatos e conceitos relacionados à história.

O autor norte-americano V. M. Hillyer, também educador, valorizava o aspecto narrativo da história (*story side of history*), a história como narração de fatos. Ele recupera e enfatiza esse aspecto em *A Child's History of the World*, estruturando-a de modo singular. O narrador dirige-se a determinado narratário, entremeando o relato de fatos históricos com relatos pessoais e, ainda, dirigindo-lhe questões. Esse narrador assemelha-se a um professor, e o narratário, a seu aluno. Cria-se uma situação semelhante à de uma sala de aula, na qual o professor dirige-se a seu aluno, relatando fatos, questionando-o e respondendo a suas perguntas. Além dessa estrutura, com destaque para a função conativa da linguagem, segundo a concepção de Jakobson, também observamos certo cuidado com o aspecto visual do texto. De forma criativa, dispondo as palavras de modo não convencional, o autor ressalta certos assuntos abordados no decorrer da obra.

Isso tanto serve para despertar a atenção do leitor quanto para facilitar a compreensão do que está sendo narrado. Há também um cuidado especial, no texto de Hillyer, com os títulos e as ilustrações. Eles não são apenas complementares ou indicadores do assunto abordado, mas contribuem ainda mais para instigar o leitor em relação ao assunto apresentado.

Todas essas estratégias têm uma finalidade didática; elas visam apresentar ao leitor determinada visão histórica. A história apresentada por essa obra é pautada por datas, que devem ser memorizadas sistematicamente pelo leitor – tanto que, no decorrer de todo o texto, algumas associações são feitas no intuito de facilitar esse processo.

Há, por parte do autor, uma preocupação em ressaltar a cientificidade da história, sua objetividade. Porém, como vimos, mesmo tendo por base dados concretos, a história depende da interpretação dada a esses dados e, portanto, do ponto de vista adotado por cada historiador, que por sua vez faz parte de determinado contexto histórico e social. Por isso, apresentamos algumas ideias que influenciaram a concepção de história apresentada pela obra de Hillyer – e, em certa medida, pelas traduções de Rangel e Lobato – como o positivismo e o evolucionismo.

Essa concepção, hoje considerada "tradicional", baseia-se na narrativa de acontecimentos, principalmente políticos, com destaque para as ações dos "grandes homens": estadistas, militares ou religiosos. Ainda, desse ponto de vista, a história deve ser apresentada objetivamente, isto é, os fatos devem ser apresentados como "realmente aconteceram".

Atualmente, sabemos que uma concepção de história como esta é inviável. Não é possível termos conhecimento "absoluto" sobre o passado. Também não interessa mais saber apenas o que os "grandes" fizeram. Os estudos históricos tornaram-se mais "democráticos" e os "anônimos" e "vencidos" passaram a ter voz, mediante novas e recentes concepções de história. Até a ideia de "história geral" já não é mais a mesma. Há, atualmente, uma consciência das particularidades de cada povo, de cada nação, e não é possível analisá-los tomando como ponto de partida apenas a perspectiva ocidental e, mais ainda, apenas a europeia, como ocorre em *A Child's History of the World*. Há uma exaltação da raça branca, do homem civilizado e da religião cristã. A história é apresentada sob uma ótica eurocêntrica e progressista, perfeitamente de acordo com o período no qual a obra estava inserida. Em contrapartida, a obra de Hillyer destaca-se do contexto didático norte-americano, que se restringia à história local, e por voltar-se ao leitor, preocupando-se em tornar o texto acessível a ele.

A tradução de Godofredo Rangel, *Pequena história do mundo para crianças*, acompanha os mesmos objetivos propostos pela obra de Hillyer: apresentar os "grandes fatos" e "grandes nomes" da história, ressaltando "quem, quando, onde e por quê?", e incentivando a memorização desses dados. Entretanto, não há o mesmo cuidado com o aspecto visual do texto, o que acarreta certo empobrecimento da obra. A relação criada entre narrador e narratário é mantida, mas este é tratado de modo diferenciado, de forma extremamente afetiva, por termos diminutivos ("leitorzinho", "amiguinho"). Algumas expressões são adaptadas de acordo com a conveniência local e a intervenção do tradutor é bastante percebida em alguns trechos. Todavia, a obra de Rangel se ressente, sobretudo pela ausência de recursos visuais, dos títulos e das ilustrações extravagantes.

O conceito de história apresentado por *A Child's History of the World* permanece o mesmo em *Pequena história do mundo para crianças*, alicerçado em uma visão eurocêntrica e progressista; há uma semelhança entre os destinatários dos textos, que devem ser brancos, cristãos e pertencer a uma sociedade civilizada. Entretanto, a falta de cuidado, principalmente com a forma de apresentação, faz da obra de Rangel uma "recriação" empobrecida e aquém das propostas do original.

Já a tradução de Lobato se distancia dessas obras, em virtude da estrutura dialógica, que proporciona ao leitor momentos críticos e não apenas criativos. Os fatos históricos são narrados do ponto de vista de Dona Benta, que sempre é interrompida pelas intervenções das outras personagens. Ora concordando, ora divergindo do que ela está narrando, elas apresentam diversificados pontos de vista ao leitor.

Enquanto as obras de Hillyer e de Rangel apresentam dados para serem sobretudo memorizados, a obra de Lobato apresenta dados que serão discutidos, criticados e sobre os quais seus narratários refletirão. Estes são críticos, têm um senso de justiça aguçado, condenam a violência e as guerras (a opressão, em geral), e ainda tratam, às vezes, certos fatos históricos de modo cômico, com leveza. Se considerarmos esses narratários os destinatários a quem o autor dirige suas obras, concluímos que a criticidade e a conscientização individual são os objetivos almejados para eles. Mediante uma linguagem equilibrada, graças à conjugação de vocábulos cultos e populares, Lobato consegue tratar seu leitor sem pieguice, considerando-o alguém esperto, com capacidade lógica e senso crítico.

Apesar de o conceito de história apresentado pelo texto lobatiano aproximar-se da obra de Hillyer, a estrutura dialógica redimensiona tal conceito, pois ele é discutido em certos momentos. Por vezes, há reconhecimento da parcialidade da visão eurocêntrica da história, certo desprezo pela intromissão religiosa nas explicações históricas, e conceitos como sabedoria e justiça são mais valorizados do que nas obras de Hillyer e de Rangel.

Revisando continuamente as edições posteriores à primeira de *História do mundo para as crianças*, Lobato promoveu uma simplificação crescente da linguagem, atualizou seu conteúdo factual e acentuou as passagens reflexivas e questionadoras nela presentes. A apresentação de opiniões divergentes entre os narratários e as alterações de seus pontos de vista, no decorrer das edições, mostram que, sutilmente, Lobato trata da dificuldade e da complexidade da narrativa histórica, que depende da perspectiva de seu narrador.

Mesmo tratando do passado, o objetivo principal de *História do mundo para as crianças* e de seu autor é despertar o leitor para o conhecimento de sua realidade. O conceito de história difundido pela obra centraliza-se em dois assuntos principais: nas guerras, que são condenadas, e nas invenções, que representam o saber e são enaltecidas. Devemos lembrar que Lobato acreditava poder operar mudanças na sociedade educando seus leitores, tornando-os cientes de certos fatos e incitando seu pensamento crítico.

A conjugação de tantos elementos originou uma obra que só poderia gerar a polêmica aqui apresentada. Contrariando os valores da sociedade tradicional, defensora do individualismo, autoritária, dogmática, interessada em dirigir às crianças obras convencionais, *História do mundo para as crianças* apresenta o relativismo de certos conceitos e estimula a capacidade mental e reflexiva de seu leitor.

REFERÊNCIAS BIBLIOGRÁFICAS

Obras de Monteiro Lobato

LOBATO, M. *História do mundo para as crianças*. 1.ed. São Paulo: Companhia Editora Nacional, 1933.

_____. *História do mundo para as crianças*. 2.ed. São Paulo: Companhia Editora Nacional, 1934.

_____. *História do mundo para as crianças*. 6.ed. São Paulo: Companhia Editora Nacional, 1938.

_____. *História do mundo para as crianças*. 8.ed. São Paulo: Companhia Editora Nacional, 1942.

_____. *História do mundo para as crianças*. 9.ed. São Paulo: Companhia Editora Nacional, 1943.

_____. *História do mundo para as crianças*. 11.ed. São Paulo: Brasiliense, 1947.

_____. *América*. 11.edição. São Paulo: Brasiliense, 1962.

_____. *A Barca de Gleyre*: quarenta anos de correspondência literária entre Monteiro Lobato e Godofredo Rangel. 11.ed. São Paulo: Brasiliense, 1964a. 2 v.

_____. *Conferências, artigos e crônicas*. 3.ed. São Paulo: Brasiliense, 1964b.

_____. *Prefácio e entrevistas*. 11.ed. São Paulo: Brasiliense, 1964c.

_____. *Fábulas*. 3.ed. São Paulo: Brasiliense, 1972.

Obras sobre Monteiro Lobato

ALVAREZ, R. V. *Monteiro Lobato, escritor e pedagogo*. Rio de Janeiro: Antares; Brasília: INL, 1982.

AZEVEDO, C. L. de; CAMARGOS, M.; SACCHETTA, V. *Monteiro Lobato*: furacão na Botocúndia. São Paulo: Senac, 1997.

CAMENIETZKI, C. Z. *O saber impotente*: estudo da noção de ciência na obra infantil de Monteiro Lobato. Rio de Janeiro, 1988. Dissertação (Mestrado em Educação) – Fundação Getúlio Vargas.

CAMPOS, A. V. de. *A República do Picapau Amarelo*: uma leitura de Monteiro Lobato. 1.ed. São Paulo: Martins Fontes, 1986.

CAVALHEIRO, E. *Monteiro Lobato*: vida e obra. São Paulo: Companhia Editora Nacional, 1955. 2 v.

GARCIA, E. Y. O pensamento lobatiano: "princípios", "meios" e "fins". *Letras de hoje*, v.15, p.29-34, 1982.

LAJOLO, M. *Monteiro Lobato*: a modernidade do contra. São Paulo: Brasiliense, 1985.

_____. Negros e negras em Monteiro Lobato. In: LOPES, E. M. T.; GOUVÊA, M. C. S. de (Orgs.). *Lendo e escrevendo Lobato*. Belo Horizonte: Autêntica, 1999. p.65-82.

MARTINS, N. S. *A língua portuguesa nas obras infantis de Monteiro Lobato*. São Paulo, 1972. 2 v. Tese (Doutorado em Letras) – Faculdade de Filosofia, Letras e Ciências Humanas, Universidade de São Paulo.

MERZ, H. J. V. et al. *Histórico e resenhas da obra infantil de Monteiro Lobato*. São Paulo: Brasiliense, 1996.

NUNES, C. *Novos estudos sobre Monteiro Lobato*. Brasília: Editora da UNB, 1998.

PALLOTTA, M. G. P. *Criando através da atualização*: fábulas de Monteiro Lobato. Bauru, 1996. Dissertação (Mestrado em Comunicação e Poéticas Visuais) – Universidade Estadual Paulista "Júlio de Mesquita Filho".

PENTEADO, J. R. W. *Os filhos de Lobato*: o imaginário infantil na ideologia do adulto. Rio de Janeiro: Qualitymark/Dunya, 1997.

VALE, F. M. do. *A obra infantil de Monteiro Lobato*: inovações e repercussões. Lisboa: Portugalmundo, 1994.

VASCONCELLOS, Z. M. C. de. *O universo ideológico da obra infantil de Monteiro Lobato*. São Paulo: Traço, 1982.

VERÍSSIMO, É. Por favor, não privem as crianças dos belos livros de Lobato! *Folha da Tarde*, São Paulo, 4 set. 1957, s.n.

YUNES, E. *Presença de Monteiro Lobato*. Rio de Janeiro: Divulgação e Pesquisa, 1982.

ZILBERMAN, R. (Org.). *Atualidade de Monteiro Lobato:* uma revisão crítica. Porto Alegre: Mercado Aberto, 1983.

Obras teóricas e gerais

AGUIAR E SILVA, V. M. *Teoria da Literatura*. 8.ed. Coimbra: Livraria Almedina, 1988. 2 v.

ARANHA, M. L. de A.; MARTINS, M. H. P. *Filosofando*: introdução à Filosofia. 2.ed. São Paulo: Moderna, 1993.

BAKTHIN, M. *Problemas da poética de Dostoiévski*. Rio de Janeiro: Forense Universitária, 1981.

BITTENCOURT, C. M. F. *Pátria, civilização e trabalho*: o ensino de história nas escolas paulistas (1917-1939). São Paulo: Loyola, 1990.

BLACKLEY, J. *The Pedagogy of V. M. Hillyer:* a study. Baltimore: self published, 1996. 2 v.

BRASIL, Pe. S. *A literatura infantil de Monteiro Lobato ou comunismo para crianças*. Salvador: Aguiar & Souza; Livraria Progresso, 1957.

BURKE, P. (Org.). *A escrita da história:* novas perspectivas. 1.ed. São Paulo: Editora da Unesp, 1992.

CAMPOS, H. de. Da tradução como criação e como crítica. In: _____. *Metalinguagem – ensaios de teoria e crítica literária*. Petropólis: Vozes, 1967, p.21-38.

CANDIDO, A. A Revolução de 1930 e a cultura. In: _____. *A educação pela noite e outros ensaios*. 2.ed. São Paulo: Ática, 1989, p.181-98.

CARPENTER, C. *History of American Schoolbooks*. Philadelphia: University of Pennsylvania Press, 1963.

CARVALHO, M. M. C. de. Nacionalismo e educação no Brasil das décadas de 1920 e 1930. In: NÓVOA, A. et al. *Para uma história da educação colonial*. Porto: Sociedade Portuguesa de Ciências da Educação, s. d., p.267-74.

CARR, E. H. *Que é História?* 7.ed. Rio de Janeiro: Paz e Terra, 1996.

COBEN, S. Os primeiros anos da América Moderna (1918-1933). In: LEUCHTENBURG, W. (Org.). *O século inacabado:* a América desde 1900. 1.ed. Rio de Janeiro: J. Zahar, 1976. p.267-365. (v.1)

COTRIM, G. *Educação para uma escola democrática*. 5.ed. São Paulo: Saraiva, 1993. 312p.

DUTRA, W.; CUNHA, F. *Biografia crítica das letras mineiras.* 1.ed. Rio de Janeiro: Instituto Nacional do Livro/MEC, 1956.

FERRO, M. *A manipulação da história no ensino e nos meios de comunicação.* São Paulo: Ibrasa, 1983.

FLORY, S. F. V. *Texto, contexto e metatexto:* o papel catalisador do leitor no discurso ficcional de José Saramago e David Moura-Mourão-Ferreira. Assis, 1994. Tese (Livre Docência em Literatura Portuguesa) – Faculdade de Ciências e Letras, Universidade Estadual Paulista.

FRANCO JR., H. *A Idade Média:* nascimento do ocidente. 2.ed. São Paulo: Brasiliense, 1988.

GHIRALDELLI JR., P. *História da Educação.* 2.ed. São Paulo: Cortez, 1992.

HART, A. *Calvert and Hillyer (1897-1947).* 2.ed. Baltimore: Waverly Press, 1982.

HILLYER, V. M. *A Child's History of the World.* 5.ed. New York/London: The Century Co., 1924.

_____. *Pequena história do mundo para crianças.* 6.ed. Tradução e adaptação de Godofredo Rangel. São Paulo: Companhia Editora Nacional, 1967.

IGLÉSIAS, F. *História e ideologia.* 1.ed. São Paulo: Perspectiva, 1971.

_____. Intelectuais paulistas repudiam a crítica aos livros de Lobato. *Folha da Manhã,* São Paulo, 30 ago. 1957.

ISER, W. *O ato da leitura – uma teoria do efeito estético.* Vol.1. São Paulo: Editora 34, 1996.

JAUSS, H. R. *A história da literatura como provocação à teoria literária.* São Paulo: Editora Ática, 1994.

LAJOLO, M.; ZILBERMAN, R. *Literatura infantil brasileira:* história e histórias. São Paulo: Editora Ática, 1985.

LE GOFF, J. História. In: *Enciclopédia Einaudi.* v.1. Porto: Imprensa Nacional/Casa da Moeda, 1984. p.158-259.

MENEZES, R. de. *Dicionário literário brasileiro.* 2.ed. Rio de Janeiro: Livros Técnicos e Científicos, 1978.

MOISÉS, M. (Org.). *Pequeno dicionário de Literatura Portuguesa.* 2.ed. São Paulo: Cultrix, 1981.

NADAI, E. O ensino de História no Brasil: trajetória e perspective. *Revista Brasileira de História,* n.25/6, São Paulo, Anpuh, 1993, p.143-62.

NUNES, Padre A. de P. N. Por que Monteiro Lobato não é educador? *A Folha,* Jundiaí, 27 ago. 1951.

PAES, J. P.; MOISÉS, M. (Org.). *Pequeno dicionário de Literatura Brasileira.* 2.ed. São Paulo: Cultrix, 1980.

PEDRO, A. *História antiga e medieval.* São Paulo: Moderna, 1987.

PERROTI, E. *O texto sedutor na literatura infantil*. São Paulo: Ícone, 1986.

"POR FAVOR, NÃO PRIVEM AS CRIANÇAS DOS BELOS LIVROS DE LOBATO!" *Folha da Tarde*, 4 set. 1957.

RABAÇA, C. A. *Dicionário de comunicação*. 1.ed. Rio de Janeiro: Codreci, 1978.

REIS, C.; LOPES, A. C. M. *Dicionário de teoria da narrativa*. São Paulo: Ática, 1988.

ROMANELLI, O. de O. *História da educação no Brasil (1930/1973)*. 10.ed. Petrópolis: Vozes, 1988.

RÓNAI, P. *A tradução vivida*. 1.ed. Rio de Janeiro: Educom, 1976.

VANOYE, F. As funções da linguagem na expressão e na comunicação. In: _____. *Usos da linguagem*. São Paulo: Martins Fontes, 1991. p.52-8.

ZILBERMAN, R.; MAGALHÃES, L. C. *Literatura infantil*: autoritarismo e emancipação. São Paulo: Ática, 1982.

ANEXOS

UMA HISTÓRIA MEIO AO CONTRÁRIO 191

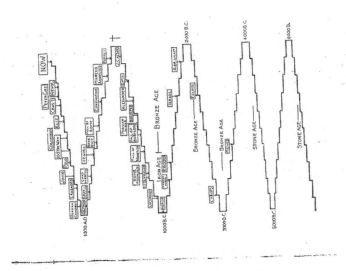

Here is the
STAIRCASE OF TIME

IT starts far, far, below the bottom of the
pages and rises up, UP, UP to where we
are NOW—each step a hundred years,
each flight of steps a thousand. It will
keep on up until it reaches high heaven.
From where we are NOW let us look
down the flights below us and listen to
the Story of what has happened in the
long years gone by.

In: HILLYER, V.M. *A Child's History of the World*, p.xx.

Anexo A

TIME TABLE
with
DATES AND OTHER FOOD FOR THOUGHT

Don't devour these dates all at once, or they'll make you sick, and you'll never want to see one again.

Take them piecemeal, only one or two at a time after each story, and be sure to digest them thoroughly.

	PAGE
Beginning of the Earth	3
First Rain-storm	7
Plants	7
Mites	8
Insects	8
Fish	8
Frogs	8
Snakes	8
Birds	8
Animals	8
Monkeys	8
People	8

xxiii

TIME TABLE

		PAGE
4000 B.C.	Bronze Age Begins	16
3400 B.C.	Menes	28
2900 B.C.	Cheops	38
2300 B.C.	Chaldean Eclipse	46
1900 B.C.	Abraham Leaves Ur	49
1700 B.C.	Israelites go to Egypt	51
1300 B.C.	Exodus; Iron Age Begins	54
1200 B.C.	Trojan War	64
1100 B.C.	Samuel; Saul	70
1000 B.C.	Homer; Solomon; Hiram	68, 71, 76
900 B.C.	Lycurgus	79
776 B.C.	First Olympiad	87
753 B.C.	Founding of Rome	89
700 B.C.	Nineveh at Top	96
612 B.C.	Fall of Nineveh	98
	Draco; Solon	114-113
538 B.C.	Fall of Babylon	108
509 B.C.	End of Kings at Rome	119
500 B.C.	Brahmanism	111
	Buddhism	112
	Confucius	118
490 B.C.	Marathon	127
480 B.C.	Thermopylae;	187
	Salamis	140
480 B.C.	Golden Age	143
430 B.C.	Peloponnesian War	151
336 B.C.	} Alexander the Great	159, 162
323 B.C.		

xxiv

TIME TABLE

		PAGE
202 B.C.	Zama	175
100 B.C.	Birth of Julius Cæsar	184
55 B.C.	} Conquest of Britain	186
54 B.C.		
44 B.C.	Death of Julius Cæsar	190
27 B.C.	Augustus and the Empire	191
4 B.C.	Birth of Christ	197
	Nero	203
	Titus	206
79 A.D.	Pompeii destroyed	208
170 A.D.	Marcus Aurelius	210
323 A.D.	Constantine	215
476 A.D.	Downfall of Rome	227
622 A.D.	The Hegira	244
732 A.D.	Tours	249
800 A.D.	Charlemagne	257
900 A.D.	King Alfred the Great	264
1000 A.D.	First Discovery of America	269
1066 A.D.	William the Conqueror	286
1100 A.D.	The Crusades	292
1215 A.D.	King John; Magna Charta	311
1300 A.D.	Marco Polo	318
1338 A.D.	Beginning of One Hundred Years' War; Crécy; Black Death; Joan of Arc	327
1440 A.D.	Invention of Printing	333
1453 A.D.	Fall of Constantinople	335

xxv

TIME TABLE

		PAGE
1492 A.D.	Columbus; Discovery of America	337
1497 A.D.	Vasco da Gama	348
1500 A.D.	The Renaissance	359
	The Reformation	365
	Charles V	367
	King Henry VIII	369
	Elizabeth	372
1588 A.D.	Spanish Armada	375
1600 A.D.	Shakspere	380
1640 A.D.	Charles I and Oliver Cromwell	390
	Cardinal Richelieu	395
	Louis XIV	397
1700 A.D.	Peter the Great	402
1750 A.D.	Frederick the Great	407
1776 A.D.	American Revolution	412
1789 A.D.	French Revolution	420
1800 A.D.	Napoleon	428
1861 A.D.	Civil War	447
1914 A.D.	} The Great War	460
1918 A.D.		

In HILLYER, V.M. *A Child's History of the World*, p. xxiii

xxvi

Anexo B

ANEXO C

LITERATURA INFANTIL

Série 1.ª

da BIBLIOTECA PEDAGOGICA BRASILEIRA

Sob a direção de Fernando de Azevedo

VOLUMES PUBLICADOS

por MONTEIRO LOBATO
1 — Reinações de Narizinho
3 — Viagem ao Céu
4 — O Saci
5 — Aventuras de Hans Staden
9 — As Caçadas de Pedrinho
10 — História do Mundo para as Crianças
11 — Novas Reinações de Narizinho
14 — Emilia no Pais da Gramática
19 — Robinson Crusoé (Adapt. de M. Lobato)
20 — Peter-Pan
21 — Aritmetica da Emilia
22 — Geografia de Dona Benta
23 — Historia das Invenções
25 — D. Quixote das Crianças
26 — Memorias da Emilia
27 — O Poço do Visconde
28 — Serões de Dona Benta
29 — Historias de Tia Nastacia
31 — O Picapau Amarelo
32 — O Minotauro
33 — A Chave do Tamanho

por LEWIS CARROLL (Trad. de M. Lobato)
2 — Alice no País das Maravilhas
8 — Alice no País do Espelho

por HANS ANDERSEN (Trad. de M. Lobato)
6 — Contos de Andersen
15 — Novos Contos de Andersen

por IRMÃOS GRIMM (Trad. de M. Lobato)
7 — Contos de Grimm
16 — Novos Contos de Grimm

por G. A. BÜRGER
12 — Aventuras do Barão de Münchhausen

por C. COLLODI (Trad. revista por M. Lobato)
13 — Pinocchio

por CHARLES PERRAULT (Trad. de M. Lobato)
17 — Contos de Fadas

por VIRIATO CORREIA
18 — Historia do Brasil para Crianças
24 — Meu Torrão

por MURILO ARAUJO
30 — A Estrela Azul (Poemas para as crianças)

Edições da
COMPANHIA EDITORA NACIONAL
SÃO PAULO

ANEXO D

TRADUÇÕES

ALBERT EINSTEIN E LEOPOLD INFELD — "A Evolução da Física", 344 págs.
ANA SEWEL — "Diamante Negro", 175 págs.
ANDERSEN — "Contos", 109 págs.
ANDERSEN — "Novos Contos", 119 págs.
ANDRÉ MAUROIS — "Memórias", 343 págs.
ARMITAGE TRAIL — "Scarface", 248 págs.
BERTRAND RUSSEL — "Educação e Vida Perfeita", 266 págs.
C. COLLODI — "Pinochio", 201 págs.
CONAN DOYLE — "O Doutor Negro", 255 págs.
DANIEL DEFOE — "Robinson Crusoé" (adapt.) 124 págs.
DASHIEL HAMMET — "A Ceia dos Acusados", 254 págs.
E. BARRINGTON — "Cleópatra", 270 págs.
E. R. BURROUGHS — "Tarzan, o Terrível", 200 págs.
E. R. BURROUGHS — "Tarzan no Centro da Terra", 200 págs.
ELEANOR H. PORTER — "Poliana", 254 págs.
ELEANOR H. PORTER — "Poliana Moça", 255 págs.
ERNEST HEMINGWAY — "Adeus às Armas", 247 págs.
ERNEST HEMINGWAY — "Por Quem os Sinos Dobram", 417 págs.
EVA CURIE — "Madame Curie", 356 págs.
FREDERICH NIETZSCHE — "O Crepúsculo dos Ídolos" e "O Anticristo" (manuscrito).
GEORGE GAMOW — "Nascimento e Morte do Sol", 241 págs.
GEORGE GAMOW — "Biografia da Terra", 220 págs.
H. DENIS BRADLEY — "Rumo às Estrêlas", 338 págs.
H. G. WELLS — "O Homem Invisível", 250 págs.
H. G. WELLS — "A Ilha das Almas Selvagens", 204 págs.
H. G. WELLS — "História do Futuro", 361 págs.
H. G. WELLS — "O Destino da Espécie Humana", 235 págs.
H. G. WELLS — "A Construção do Mundo", 349 págs.
HANS STADEN — "Meu Cativeiro entre os Selvagens do Brasil", 160 págs.
HENRY FORD — "Minha Vida e Minha Obra", 259 págs.
HENRY FORD — "Hoje e Amanhã", 339 págs.
HERMAN MERVILLE — "Moby Dick", 211 págs.

EDGARD CAVALHEIRO

HOWARD SPRING — "Meu filho, meu filho", 399 págs.
ILYA ERENBOURG — "A Queda de Paris", 540 págs.
IRMÃOS GRIMM — "Contos", 112 págs.
IRMÃOS GRIMM — "Novos Contos", 120 págs.
J. H. ROBINSON — "A Formação da Mentalidade", 175 págs.
JACK LONDON — "O Lobo do Mar", 305 págs.
JACK LONDON — "Caninos Brancos", 227 págs.
JACK LONDON — "A Filha da Neve", 278 págs.
JACK LONDON — "O Grito da Selva", 218 págs.
JAMES TRUSLOW ADAMS — "A Epopéia Americana", 399 págs.
JEAN DE LERY — "História de uma Viagem feita à Terra do Brasil", 288 págs.
JEAN WEBSTER — "Patty", 243 págs.
JEAN WEBSTER — "O Querido Inimigo", 249 págs.
JOHN MACY — "História da Literatura Mundial", 433 págs.
JOHN STENBECK — "Noite sem Lua", 155 págs.
LEWIS CARROL — "Alice na Casa dos Espelhos", 125 págs.
LEWIS CARROL — "Alice no País das Maravilhas", 125 págs.
LIN YUTANG — "Momento em Pekin", 697 págs.
MARK TWAIN — "As Aventuras de Tom Sawyer", 228 págs.
MARK TWAIN — "As Aventuras de Huck", 260 págs.
MAURICIO MAETERLINK — "A Sabedoria e o Destino", 224 págs.
MAYNE REID — "Os Negreiros da Jamaica", 171 págs.
MILTON SILVERMANN — "Mágicas em Garrafas", 280 págs.
NATHANIEL WRIGHT STEPHENSON — "Lincoln", 349 págs.
OLIVER LODGE — "Raymond", 230 págs.
P. C. WREN — "Beau Geste", 233 págs.
PERRAULT — "Contos de Fadas", 115 págs.
PIERRE VAN PAASSEN — "Sòmente nesse Dia", 349 págs.
RICHARD WRIGTH — "Filho Nativo", 365 págs.
ROGER BURLINGAME — "Máquinas da Democracia", 494 págs.
RUDYARD KIPLING — "Kim", 309 págs.
RUDYARD KIPLING — "O Livro da Jangal", 339 págs.
RUDYARD KIPLING — "Mowgli, o Menino Lobo", 207 págs.
RUDYARD KIPLING — "Jacala, o Crocodilo", 189 págs.
S. S. VAN DINE — "O Crime do Cassino", 236 págs.
S. S. VAN DINE — "O Caso Garden", 245 págs.
SAINT EXUPERY — "Pilôto de Guerra", 177 págs.
SCHOLEM ASCH — "O Nazareno", 616 págs.
SWIFT — "Viagens de Guliver ao País dos Homenzinhos de um Palmo", (adapt.), 56 págs.
THORNTON WILDER — "A Ponte de São Luís Rei", 201 págs.
VAN LOON — "História da Bíblia", 405 págs.

MONTEIRO LOBATO — VIDA E OBRA

W. R. BURNETT — "O Pequeno César", 259 págs.
WARWICK DEEPING — "Lágrimas de Homem", 324 págs.
WENDEL WILKIE — "Um Mundo Só", 247 págs.
WILL DURANT — "Os Grandes Pensadores", 288 págs.
WILL DURANT — "Filosofia da Vida", 575 págs.
WILL DURANT — "História da Filosofia", 499 págs.
WILL DURANT — "História da Civilização", 1.ª parte, tomos I, II, 514/513 págs.
WILL DURANT — "História da Civilização", 3.ª parte, tomos I-II, 447/387 págs.
ROBIN HOOD — 180 págs.

NOTA: Com exceção de "A Sabedoria e o Destino", de Maeterlink (Editôra O Pensamento), "Biografia da Terra" e "Nascimento e Morte do Sol" (Editôra Globo), e "Aventuras de Tom Sawyer" e "Aventuras de Huck" (Brasiliense), tôdas as demais traduções de Monteiro Lobato foram editadas pela Cia. Editôra Nacional. Deixamos de mencionar as revisões e as traduções feitas em colaboração ou não assinadas.

In: CAVALHEIRO, E. *Monteiro Lobato – vida e obra*, p.761

ANEXO E

PROGRAMAS DE 1931

(Curso fundamental)

PROGRAMA DE HISTÓRIA DA CIVILIZAÇÃO

PRIMEIRA SÉRIE

História Geral:

A revelação da civilização egípcia — Os Sargônidas e o poderio assírio — Grandeza e decadência de Babilônia — Salomão e a monarquia de Israel — O espírito navegador dos fenícios e o comércio — Os Aquemênidas e a organização persa — Açoca e o budismo — Antigos estados gregos — Civilização contra barbárie: a ameaça persa e a vitória da Grécia — Péricles e a civilização helênica — Uma aventura política: Alcibíades e a expedição à Sicília — o reino da Macedônia e a política de Demóstenes — Alexandre e os estados helênicos — Hamilcar e Aníbal — Os Cipiões — Catão e os antigos costumes romanos — Os objetivos políticos de César — Augusto e a organização do Império romano — O cristianismo — Os Antoninos e o apogeu do império romano — Juliano e o fim do paganismo — Bizâncio, a grande cidade medieval — O islamismo — A unidade imperial do Ocidente: Carlos Magno — A vida e os costumes de uma côrte feudal — Urbano II e a idéia de cruzada — A fundação da monarquia portuguesa — Um grande papa da idade média: Inocêncio III — S. Francisco de Assis e a caridade cristã — A extraordinária viagem de Marco Polo — Joana D'Arc e o patriotismo francês — A expansão turca — Gutenberg e a imprensa — As grandes navegações — O renascimento: seus grandes vultos — Carlos V e o império universal — Um grande movimento religioso, social e econômico: a Reforma — A Companhia de Jesus — Felipe II e o fanatismo religioso — A Inglaterra no tempo de Isabel — Henrique IV e a tolerância religiosa — Um monarca absoluto e a sua côrte: Luiz XIV — As Revoluções inglêsas — Pedro, o Grande, e a transformação da Rússia — Os déspotas esclarecidos — A queda do antigo regime e o ideal revolucionário — As transformações de 1830 e 1848 — Os unificadores de povos; Bismarck e Cavour — A comuna de 1871 — O regime parlamentar em Inglaterra — A exploração do continente negro — As ambições dos estados europeus e a Grande Guerra — A revolução russa e sua repercussão.

SEGUNDA SÉRIE

I — História da Antigüidade

ORIENTE

Do homem prehistórico ao homem histórico.
O mundo mediterrâneo e a Índia: meio físico e meio étnico.
Povos e civilizações (Além das civilizações habitualmente consideradas, dever-se-á referir, tanto quanto possível, o que já se conhece com relação aos povos da Ásia Menor e das extremas setentrionais e orientais da Mesopotâmia):

a) Meios de expressão: língua, escrita, alfabeto;
b) Caracteres gerais da evolução política;
c) As vicissitudes dos grandes estados; seu poderio militar e suas relações internacionais;
d) Evolução social e econômica;
e) Evolução religiosa;
f) Evolução cultural e artística.

GRÉCIA

Aspectos das civilizações pre-helênicas e da época das migrações.
Idade Média grega: os tempos homéricos.
Colonização. Esparta e Atenas primitivas. A organização política grega; monarquia, aristocracia, tirania e democracia.
Esparta e o socialismo de Estado. Atenas e a democracia.
Guerras greco-pérsicas, imperialismo ateniense, guerra do Peloponeso; sua significação para a vida política, social e econômica dos gregos.
A hegemonia de Tebas e o advento da Macedônia.
A unidade cultural grega: Olimpia, Delfos e Délos.
Religião grega: Religião da polis e religião agrária. A mística: orfismo.
O desenvolvimento cultural grego: a época de Péricles.
Alexandre e a helenização do Oriente.
Aspectos político, social-econômico, religioso e cultural da época helenística: sua significação para o império romano e o cristianismo.
Decadência e fim da Grécia antiga.
O que nós devemos aos gregos: contribuições importantes da Grécia nos diferentes domínios da vida, pensamento científico, questões fundamentais da filosofia, contribuições estéticas.

ROMA

Aspectos étnicos, econômicos, sociais, políticos, religiosos e culturais da primitiva época da história romana: relações com a Etrúria, preponderância da aristocracia e luta de classes.
Expansão de Roma sobre a Itália: a arte militar dos romanos.
Uma grande potência mediterrânea: Cartago, sua civilização.
As guerras púnicas e sua significação para o desenvolvimento da política externa e da vida pública, social e econômica dos romanos.
Evolução de Roma para o império universal (descrição em traços gerais).

As transformações econômicas e as guerras civis.
A influência grega na vida romana: a literatura; a religião.
A época de Augusto: sua importância política e cultural.
Aspectos políticos, sociais e econômicos da época imperial. A literatura. A influência religiosa do Oriente. A evolução do direito: o *Edictum perpetuum*. Cristianismo e Estado antigo.
A deslocação do Império e o desaparecimento de Roma em suas formas características.
O que nós devemos aos romanos, principalmente no domínio da organização política e do direito.

II — História da América e do Brasil

O descobrimento da América e do Brasil — Duas grandes civilizações americanas desaparecidas: os Aztecas e os Incas — O indígena brasileiro — Os conquistadores e a formação do império colonial espanhol — Os jesuítas e a catequese — Mem de Sá e a fundação do Rio de Janeiro — A colonização inglesa; o "May Flower", Walter Raleigh e Guilherme Penn — Os franceses na América e a fundação do Canadá — Nassau e o Brasil holandês — O desbravamento do sertão — Os grandes vultos da independência norte-americana — Uma revolução de idealistas: a Inconfidência — D. João VI e a transformação do Brasil — Os libertadores hispano-americanos — José Bonifácio e a independência do Brasil — A guerra cisplatina e a independência do Uruguai — Um mantenedor da unidade brasileira: Feijó — Pedro II e o império constitucional — Os grandes caudilhos hispano-americanos — O imperialismo americano e a guerra com o México — O desenvolvimento do oeste norte-americano — Norte contra Sul: a guerra de secessão americana — Juarez e o patriotismo mexicano — Os grandes vultos militares da guerra do Paraguai — A princesa Isabel e a libertação dos escravos — A propaganda e a proclamação da República — A guerra hispano-americana e a independência de Cuba.

TERCEIRA SÉRIE

I — Idade Média

Aspectos econômicos, sociais e políticos dos povos bárbaros e especialmente dos germanos.
Migração dos povos bárbaros nos seus aspectos característicos: estabelecimento no território romano, encontro com Roma e o cristianismo, influência sobre eles exercida pela civilização romana; sociedade e legislação bárbaras.
Bizâncio: os grandes imperadores, o Governo e a administração; as classes sociais; vida econômica, religiosa e cultural; importância do direito bizantino.
Clovis e o império franco: os costumes e as instituições dos merovíngios.
As últimas invasões germânicas e o papado; Gregório, o Grande.
O Islam e sua contribuição para a civilização ocidental.
A época dos carolíngios e a renovação do Império Romano.
Estudo da economia e da organização feudais.

A cavalaria e a organização militar medieval.
Significação cultural e econômica das Cruzadas.
A teocracia e a organização da Igreja: a côrte de Roma, o clero regular e o secular, o movimento de Cluni, as ordens mendicantes, as heresias e a inquisição.
O Sacro Império Romano Germânico: sua estrutura econômica, social e política. Império e Papado. Sistema de Oto. Henrique III; Henrique IV e Gregório VII. A época dos Hohenstaufen.
As monarquias feudais e o início das monarquias modernas no Ocidente (França, Inglaterra e Península Ibérica).
A formação dos Estados escandinavos e da Europa oriental.
As tendências reformadoras da Igreja nos últimos tempos da idade média.
A economia senhorial e urbana, a indústria medieval e o movimento corporativo.
O comércio medieval e as sociedades mercantis: a Hánsea.
A origem do capitalismo.
O desenvolvimento cultural na idade média: as universidades, o direito romano, a filosofia e a ciência. A arte e a literatura: o pre-renascimento.

II — História da América e do Brasil

Os mais antigos vestígios do homem americano. O homem fóssil. *Mounds, pueblos, cliff dwellings, shell mounds, paraderos,* sambaquis, cerâmica de Marajó, Esteiarias.
Hipóteses sobre o povoamento da América. Velhas hipóteses: os povos da antigüidade. O autoctonismo. Novas hipóteses: páleo-asiáticos e povos da Oceania.
Distribuição geográfica geral dos principais povos americanos (exceto o Brasil).
As grandes civilizações desaparecidas: azteca, maia-quiché, quichúa. Civilizações menores (vista de conjunto).
Diretrizes migratórias e distribuição geográfica dos grupos.
Classificação dos grupos brasileiros (súmula antropológica, etnográfica e lingüística).
Estado político, social, econômico, religioso e cultural do selvagem brasileiro (vista de conjunto).

QUARTA SÉRIE

I — História moderna

O início da idade moderna: as grandes invenções e suas conseqüências.
A expansão geográfica e o desenvolvimento econômico.
O desenvolvimento intelectual: O Renascimento.
A constituição dos Estados nacionais (Inglaterra, França e Espanha).
A evolução política, social e econômica da Europa Central, da Escandinávia e da Europa Oriental.

As ambições imperialistas e o equilíbrio europeu: a rivalidade franco-austríaca.
A reforma protestante e a reação da Igreja Católica: as guerras religiosas.
A monarquia absoluta: a teoria do direito divino; a côrte e o cerimonial; o Governo e a administração.
Política econômica: fisiocratas e mercantilistas; o colbertismo e o sistema de Law.
As guerras e os exércitos permanentes.
A diplomacia: suas origens e processos.
Importância das negociações de tratado de Vesfália. O equilíbrio europeu. O direito das gentes.
O advento da ciência moderna.
O classicismo literário e o desenvolvimento artístico.
A Igreja moderna: controvérsias religiosas; os jesuítas; extinção da ordem.
A expansão da Holanda: o império colonial e as companhias de comércio; sua decadência.
O desenvolvimento econômico e a formação da constituição de Inglaterra.
A política dos Habsburgos e a importância da Áustria como baluarte contra os turcos.
Modificações do equilíbrio europeu; o advento da Prússia e da Rússia; a decadência da Suécia, da Polônia e da Turquia; os conflitos internacionais e a luta das grandes potências pela supremacia.
Tendência da Inglaterra para o domínio universal: a disputa da índia e da América do Norte.
O movimento de reforma social e política: filósofos e economistas.
O despotismo esclarecido.

II — História da América e do Brasil

Aspectos étnicos, econômicos, sociais, políticos e culturais da Europa ocidental na época dos descobrimentos e o contato com os primitivos habitantes; o reconhecimento das costas, a conquista e o início da colonização.
A época das navegações: os grandes ciclos, o descobrimento espanhol e o português.
Descobrimentos ingleses e franceses.
Extensão do poderio português: capitanias e governo geral; a administração pública e a justiça; o sistema fiscal português.
Expansão geográfica: entradas e bandeiras; as questões de limites.
A defesa da terra e o despertar do sentimento nativista.
Atividades econômicas: o trabalho agrícola e pastoril; os latifúndios; a exploração das minas; a indústria e o comércio coloniais.
A escravidão indígena e a negra.
As vilas e cidades brasileiras; as câmaras municipais.
A transmissão da cultura européia: início da literatura e da arte brasileiras.
A Igreja no Brasil: sua organização e influência; a visitação do Santo Ofício e a inquisição.
Os processos coloniais dos espanhóis: a *reducción*, o *repartimiento* e a *encomienda*. Os agentes reais: o *adelantado* e suas funções. *Encomenderos* e missionários.

A administração colonial espanhola: a *Casa de contratación* e o Conselho das Índias; os vice-reis, os capitães generais e os governadores.
A justiça colonial: as audiências; alcaides maiores e corregedores. O regime financeiro; tributos e taxas.
Vilas e cidades da América espanhola; os *cabildos*.
A vida colonial e a fusão das raças. A escravidão negra.
As atividades agrícolas e a exploração de minas.
A indústria e o comércio coloniais.
O desenvolvimento cultural: as universidades, a arte e a literatura coloniais.
A expansão colonial: as expedições para o interior.
As colônias hispano-americanas e as ambições estrangeiras: piratas e flibusteiros.
A eclosão da Nova França: seu desenvolvimento territorial e econômico.
A colonização inglesa: as companhias, os cavaleiros e os puritanos. Condições sociais e econômicas das colônias inglesas: a população e a vida doméstica; o trabalho e a escravidão.
As vias de comunicação, estradas e correios.
Aspecto religioso das colônias americanas: a tolerância.
O desenvolvimento cultural: a imprensa e as universidades, início da literatura americana.
Governos coloniais: os colonos, a Coroa, o Parlamento. Governo representativo: as legislaturas coloniais, os governadores, o sistema municipal e os governos locais. A justiça colonial.
As leis de navegação e as restrições à indústria colonial.
As colônias holandesas e suecas na América do Norte e sua absorção pelas colônias inglesas.
A luta pela América do Norte e o desaparecimento da Nova França.
As origens ideológicas da Revolução americana e seus antecedentes imediatos.
A repercussão da independência americana: as tentativas de emancipação da América Latina.

QUINTA SÉRIE

I — **História contemporânea**

Causa e sucessos da Revolução Francesa: direitos do homem e do cidadão, constituição e representação popular; o exército popular.
A época napoleônica.
O Congresso de Viena e sua importância.
A Santa Aliança e a política de restauração.
O despertar das nacionalidades e a luta pelo estado nacional e constitucional.
As revoluções democráticas e o aparecimento das questões sociais.
As guerras nacionais e o triunfo da idéia nacional na Alemanha e na Itália.
A evolução da Igreja contemporânea; os grandes papas, o Concílio do Vaticano, o Syllabus, a perda do poder temporal. O modernismo.
A renovação literária e artística: o naturalismo, o parnasianismo e o simbolismo.

A questão do Oriente, o imperialismo colonial e a expansão da civilização européia.
Desenvolvimento científico e cultural.
O desenvolvimento da economia universal e suas conseqüências para a transformação social.
A política de alianças, a luta pelos mercados e a Grande Guerra.
A guerra da Independência: aspectos políticos, militares e sociais.
A formação da Constituição americana.
Conseqüências políticas e econômicas do tratado de paz: a Sociedade das Nações.
O mundo contemporâneo e seus mais importantes problemas; comunismo, fascismo e democracia; as dívidas de guerra, o desarmamento e a federação européia.

II — História da América e do Brasil

A política ibérica de Napoleão e suas conseqüências.
A vinda de D. João VI: transformações políticas, sociais e econômicas; a repercussão no Brasil da revolução portuguesa de 1820.
A ideologia revolucionária: influência dos filósofos franceses.
As lutas pela independência da América Latina: seus aspectos econômicos, sociais, políticos e militares.
As negociações diplomáticas e o reconhecimento da independência da América Latina.
A evolução política dos Estados Unidos: o aparecimento dos partidos; federalistas e republicanos; a nova guerra da independência; a era da concórdia e a doutrina de Monroe; a democracia.
O desenvolvimento econômico e a expansão para o oeste; o nascimento da indústria e o início do imperialismo americano.
O desenvolvimento religioso e cultural: o espírito humanitário, a reforma educacional (Horácio Mann) e as comunidades religiosas (Mórmons).
A monarquia brasileira — O 1º império: política interna e externa; a constituição de 1824, a guerra cisplatina, o nacionalismo, a abdicação.
As lutas políticas do período regencial.
O 2º Império: o parlamentarismo e os partidos políticos.
As revoluções. Lutas externas: campanha do Paraguai. Evolução brasileira para a federação e a democracia.
A Anarquia e o caudilhismo. Os ensaios de organização política na América espanhola. A crise da União federal norte-americana e a questão da escravidão: a guerra de secessão.
O imperialismo francês e a efêmera monarquia mexicana.
Os conflitos internacionais na América do Sul: as guerras do Pacífico e as do Prata.
O triunfo da União americana e a expansão política e econômica dos Estados Unidos.
O protecionismo e as tarifas Mac Kinley: o desenvolvimento industrial dos Estados Unidos.
O desenvolvimento cultural: a educação moderna, a literatura e a arte.
O desenvolvimento econômico, social, político, religioso e cultural da América espanhola.
A Igreja no Brasil e a questão religiosa.

O desenvolvimento cultural no Império brasileiro: o ensino, a literatura e a arte.
As transformações sociais e econômicas no Brasil: a questão do negro.
A propaganda republicana no Brasil: seus fundamentos ideológicos; a questão militar e a proclamação da república; a Constituição Brasileira.
Desenvolvimento social, econômico, religioso e cultural do Brasil no período republicano.
Atuais instituições políticas e administrativas do Brasil.
O imperialismo americano: Cuba e Filipinas; as comunicações entre os dois oceanos e as repúblicas do Panamá e de Nicarágua.
Participação da América na Grande Guerra e sua colaboração no tratado de paz: Wilson e os quatorze princípios.
A repercussão da Grande Guerra na América: os países americanos e a Sociedade das Nações.
América dos nossos dias: seus problemas mais importantes.

In: BITTENCOURT, C. M. F. *Pátria, civilização e trabalho*: o ensino de história nas escolas paulistas (1917-1939),p.211

SOBRE O LIVRO
Formato: 14 x 21 cm
Mancha: 23,7 x 42,5 paicas
Tipologia: Horley Old Style 10,5/14
Papel: Offset 75 g/m² (miolo)
Cartão Supremo 250 g/m² (capa)
1ª edição: 2012

EQUIPE DE REALIZAÇÃO
Coordenação Geral
Marcos Keith Takahashi

Impressão e Acabamento:
psi7
Printing Solutions & Internet 7 S.A